Fantômes et apparitions

Dans la même collection

Les NDE, expériences de mort imminente,
L. Benhedi et J. Morisson

Les rêves prémonitoires, L. Benhedi et P. Macias

Maisons hantées et Poltergeists, L. Benhedi et J. Soulières

À paraître

Les animaux et le paranormal

La voyance

22, rue Huyghens – 75014 Paris

ISBN : 978-2-84454-568-8

e-mail : contact@dervy.fr

Louis Benhedi & Pierre Macias

Fantômes et apparitions

Éditions Dervy
34, boulevard Edgar Quinet
75014 Paris

Louis Benhedit :
« À mon ange »

AVANT-PROPOS

Mon expérience des fantômes ou des apparitions se borne aux témoignages recueillis lors de mes émissions radio. Comment ne pas être interpellé par une femme qui me dit avoir vu son mari marcher dans le jardin alors qu'il était mort depuis un an ? Comment ne pas être ému par ce signe qu'aurait fait une grand-mère décédée à sa petite-fille ? Comment ne pas frissonner en écoutant ce jeune homme raconter qu'il a poursuivi avec un ami un moine flottant ? C'est autant d'histoires remplies d'émotion. Car évoquer les fantômes c'est parler de la mort de personnes auxquelles les témoins étaient attachés. Le dénominateur commun à tous les témoignages que vous allez découvrir dans ce livre est l'émotion suscitée par le « retour » d'un être cher. Pourquoi apparaissent-ils ? Que doit-on penser lorsque deux personnes ont vu la même apparition ?

Toutes ses questions sont abordées dans le chapitre scientifique. Cet ouvrage a pour but de vulgariser ces phénomènes et montrer qu'ils provoquent des chocs dans la vie de ceux et celles qui les vivent. Bien sûr, nous n'avons pas la « preuve de la preuve » que le phénomène existe, mais des chercheurs essaient de comprendre. Les pistes ne mènent pas vers les morts. Le chemin mène plutôt vers les vivants… Je suis sûr que la nature humaine nous réserve encore beaucoup de surprises.

LES TÉMOIGNAGES

ET SI C'ÉTAIT VOTRE FILS ?

Muriel était dans sa deuxième année d'internat en chirurgie au CHU de Montpellier. Elle se trouvait dans le service du professeur H qui, selon les commentaires de ses assistants, l'estimait beaucoup. Elle ne se doutait pas, en prenant sa garde un soir d'été en 1984, qu'un événement allait bouleverser sa pratique de la médecine et sa vie.

Aux alentours de 22 heures, un enfant âgé de 10 ans fut emmené dans son service. Il était le seul rescapé d'un accident de la route. Sa mère qui conduisait avait perdu le contrôle du véhicule avant de s'encastrer dans un poteau électrique. Morte sur le coup, seul le petit garçon avait survécu, et encore pas pour longtemps, selon le premier diagnostic des médecins urgentistes.

Le garçonnet, installé dans une chambre, fut rejoint dans la nuit par sa grand-mère. Tombé dans un état végétatif, il était dans un état critique. Son cœur battait, ses poumons respiraient, mais son cerveau ne donnait plus de signe de vie. En clair, il était en état de mort clinique. Son électro-encéphalogramme était plat.

Durant les trois jours qui suivirent, aucune amélioration ne se produisit. La probabilité pour qu'il reprenne connaissance était quasi nulle. Sa grand-mère ne le quittait que pour aller manger rapidement à la cafétéria de l'hôpital. Elle avait passé toutes les nuits à veiller son petit-fils.

Au matin du quatrième jour, le professeur H rassembla toute son équipe.

Dans le bureau étaient présents les chirurgiens du service, l'anesthésiste, un autre interne et Muriel. Le professeur H fit brièvement le résumé de la situation et posa la question que tout le monde redoutait : doit-on débrancher ou pas le petit garçon, sachant qu'il n'avait aucune chance, ou presque de revenir à la vie.

D'un point de vue purement médical, tous étaient d'avis de laisser cet enfant « s'endormir » dignement. Même si ce genre de décision est toujours très difficile à prendre, personne autour de la table ne pensait qu'un acharnement thérapeutique ou l'attente d'un hypothétique miracle se justifiait.

À son grand étonnement, le professeur se retourna vers Muriel et lui demanda son avis. Il est rare qu'un interne soit associé à une décision aussi grave et importante. C'était le signe, de sa part, d'un profond intérêt pour le travail effectué au sein du service. Muriel s'accorda quelques secondes de réflexion. Sa décision allait rejoindre celles des autres quant tout à coup elle vit un visage lui apparaître. Un visage de femme. Une femme brune, les cheveux longs et raides encadraient un visage aux traits fins. Cette femme la regarda droit dans les yeux et lui dit cette simple phrase :

– « Et si c'était votre fils ? »

Les mots résonnèrent dans la tête de Muriel. Le visage disparu, plus rien… Autour de la table, tout le monde attendait son avis. Elle se ressaisit et prononça ces mots presque malgré elle :

– « Non ! Je crois qu'il est trop tôt pour prendre une telle décision. Il faut attendre au moins un ou deux jours de plus. »

– « Vous avez finalement raison, rien ne presse, conclut le professeur H. Attendons deux ou trois jours et voyons s'il y a la moindre évolution. »

Muriel quitta le bureau encore abasourdie par ce qu'elle avait vécu. Qui était cette femme qui lui était apparue ? En fermant les yeux, elle revoyait ce visage fin, ce regard intense et surtout la phrase résonnait encore en elle : « Et si c'était votre fils ? »

La réunion se termina vers midi et demi. Muriel alla en salle de service pour prendre un café et réfléchir tranquillement à ce qui lui était arrivé. Était-ce un effet de la fatigue ?

Une simple hallucination ? Car elle prenait cette affaire très à cœur ? Après tout il s'agissait de la vie d'un petit garçon âgé d'à peine 10 ans et n'importe qui serait ému. Elle sentait au fond d'elle que quelque chose de fort et d'étrange venait de se produire. Muriel passa dans la chambre de l'enfant. Sa grand-mère était à son chevet, elle regardait la télé, sa main dans la main de son petit-fils.

Dans l'après-midi, la sonnerie d'alerte provenant de la chambre de l'enfant résonna dans tout le couloir. Muriel et une infirmière accoururent à son chevet. Au premier coup d'œil, elle analysa la situation, il était en train de convulser. Elle n'eut pas le temps de se poser de questions. En bonne professionnelle, elle agit vite et rétablit la situation. Une fois le calme revenu, Muriel se demanda comment un enfant dans un état végétatif pouvait convulser. Son instinct lui dicta que ces convulsions ne seraient peut-être pas sans conséquences. Encore une fois elle eut raison. Un nouvel électroencéphalogramme montra le début d'une activité cérébrale. Le cerveau avait été relancé par le choque produit par les convulsions.

– « Bravo, bien vu, glissa le professeur à Muriel après avoir examiné le résultat de l'électro-encéphalogramme. Le miracle s'est produit »

De retour dans la chambre de l'enfant, elle expliqua à sa grand-mère qu'il sortirait du coma assez rapidement, et que tous les espoirs étaient à nouveau permis. Émue par l'émotion de la vieille dame, elle resta avec elle.

Fouillant dans son sac, la grand-mère sortit une photo d'un portefeuille. Elle la tendit à Muriel :

– « Regardez. C'est ma fille, la mère d'Adrien. Elle doit être heureuse là-haut que son petit s'en sorte. »

Muriel se pencha sur le cliché et eut le deuxième choc de sa jeune carrière. Avec tous ses événements, elle en avait presque oublié le visage de cette femme qui lui était apparu lors de cette fameuse réunion. Ce visage fin, des cheveux bruns, raides qui encadraient un sourire. C'est le visage qu'elle voyait à présent sur la photo.

Comment ne pas être ému à l'écoute d'un tel témoignage ? Muriel avait de l'émotion dans la voix lorsqu'elle me raconta son histoire. Une aventure vécue il y a plus de vingt ans mais qui fut formatrice. Elle ne vit plus son métier de médecin de la même manière après cela.

Plusieurs hypothèses peuvent êtres retenues :

La première est une sorte de hasard. Elle aurait de manière inconsciente emmagasiné des informations qui lui auraient fait prendre la bonne décision presque malgré elle.

Son inconscient aurait provoqué cette apparition dans ce sens. En ce qui concerne la ressemblance de cette apparition avec la photo, elle en aurait déduit, toujours de manière inconsciente, en voyant le garçon et sa grand-mère les traits généraux de la mère.

Muriel a-t-elle vécu un phénomène de voyance ? Son cerveau aurait capté le futur de cet enfant (ses convulsions imprévisibles et la relance de l'activité de son cerveau) mais aussi la vision de la photo de sa mère. Ainsi, son inconscient aurait construit cette apparition de toutes pièces avec cette phrase : « Et si c'était votre fils ? » pour l'inciter à prendre la bonne décision.

Enfin la troisième et la dernière hypothèse est que la mère d'Adrien, bien que morte dans l'accident de voiture, est revenu sauver son fils d'un sort funeste en apparaissant à la personne la plus sensible du groupe qui devait prendre la décision de garder son fils en vie ou pas.

Personnellement, j'émettrai une autre hypothèse. Bien qu'inconscient, le petit garçon, dans un effort de survie aurait provoqué cette apparition chez la personne en qui il a senti la plus grande empathie.

Finalement, au bout de plusieurs semaines, Adrien est sorti de l'hôpital sans séquelles particulières. Il a suivi une scolarité normale et vit une vie heureuse avec sa femme et ses enfants.

Quoi qu'il en soit, ces questions resteront pour le moment sans réponses. Il nous reste, malgré tout, une très belle histoire pleine d'humanité.

LE MOINE DU CIMETIÈRE

La réalité dépasse souvent la fiction. Il m'est souvent arrivé, le lendemain de mes émissions consacrées à des témoignages, d'être le sujet de conversation autour de la machine à café. Mes amis et collègues de Sud Radio m'interpellaient avec des : « C'est incroyable le témoignage que tu as eu hier soir ! Cela m'a donné la chair de poule. » Ou encore des : « Ce n'est pas possible c'est un vrai scénario de film d'horreur. »

Le témoignage d'Alain des Bouches-du-Rhône entre dans cette catégorie.

En 1988, Alain était hébergé dans un foyer de la DAAS non loin d'un petit village à côté d'Aix-en-Provence. Avec plusieurs de ses « collègues » comme l'on dit là-bas, il suivait un apprentissage de menuisier. Âgé de 17 ans, il avait la permission de minuit chaque vendredi et samedi soir. En compagnie de Jean-Pierre, ils parcouraient à pied les 2 kilomètres qui les séparaient du seul bar des environs pour aller jouer quelques parties de billard et rencontrer des jeunes gens de leur âge. L'itinéraire était toujours le même. Ils empruntaient un sentier qui longeait la voie rapide sur 1,5 kilomètre, puis passaient sur un pont qui menait à l'entrée du village.

Ce soir d'octobre était doux. L'arrière-saison était clémente comme souvent en Provence. Alain et Jean-Pierre marchaient d'un bon pas. Ils venaient de tourner à gauche afin de franchir le pont qui les séparait de l'entrée du village, lorsque Alain ralentit brusquement. Perdu dans ses pensées, Jean-Pierre fut surpris. Alain venait de poser sa main sur son épaule. Relevant la tête, il interrogea son ami du regard. D'un mouvement sec du menton, Alain désigna quelque chose, droit devant lui, sur le pont. Jean-Pierre regarda dans la direction indiquée et finit par s'arrêter complètement. Ce que les deux amis venaient de voir était tout simplement incroyable. Un moine en soutane, la capuche rabattue sur le visage, marchait devant eux. Les deux compères échangèrent un regard comme une question : tu vois ce que je vois ? Le moine, distant de quelques mètres sur le pont devant eux, semblait glisser sur le bitume.

Alain fut le premier à rompre le silence :

– « Jean-Pierre, qu'est-ce que tu vois devant toi, sur le pont ? »

– « La même chose que toi. Un moine habillé comme dans les films. »

Rassurés par cette réponse, ils accélérèrent le pas afin de rattraper l'étrange personnage et de comprendre de quoi il retournait. Ils n'étaient pas au bout de leurs surprises. Car au fur et à mesure qu'ils accéléraient, le moine en faisait tout autant. Comme s'il maintenait volontairement la même distance entre ses poursuivants et lui, 5 à 6 mètres, pas plus.

La nuit venait à peine de tomber, mais il restait assez de clarté pour distinguer quelques détails troublants. Le plus étonnant était la manière qu'avait le moine de se déplacer. Il ne marchait pas, il glissait. Sa robe de bure ne faisait aucun pli. Le vêtement tombait bien droit jusqu'à 20 centimètres du sol. Aucun pied visible et encore moins de bruit de pas sur le sol. Il semblait flotter. Les jambes, s'il en avait, ne faisaient pas bouger le tissu de la robe.

Sa taille était ceinte d'une cordelette, les mains croisées devant lui, enfoncées dans les manches étaient invisibles elles aussi. Impossible de distinguer le moindre trait de son visage. Il était de dos et l'ombre de la capuche rabattue sur la tête empêchait de voir quoi que ce soit.

À cet instant, Alain eut un réflexe bizarre. Il plongea la main dans sa poche et en ressortit son Opinel qu'il déplia tout en marchant. Ce geste ne diminua pas l'angoisse qui tenaillait les deux amis mais leur redonna un peu de courage.

Plus que quelques mètres et c'était l'entrée du village avec ses quelques lampadaires et peut-être un début de réponse. Car ils avaient bien l'intention de coincer ce moine bizarre. À peine eut-il fini de franchir le petit pont, qu'il obliqua brusquement vers la gauche disparaissant ainsi de la vue des deux jeunes hommes.

Sans s'être concerté, Alain et Jean-Pierre se mirent à courir. Ils franchirent en quelques enjambées les 6 mètres qui les séparaient de l'angle du pont et du moine. Rien ! Ils avaient beau regarder dans tous les sens, rien. Il avait disparu. Il s'était littéralement volatilisé.

Jean-Pierre lâcha un « Merde ! » retentissant. Cela ne fit pas réapparaître le moine mais au moins évacua une partie de la tension accumulée en quelques poignées de secondes sur ce pont.

Les deux jeunes gens fouillèrent les environs durant quelques minutes sans succès. Devant eux, l'entrée du village avec une route droite où tout était visible. Sur la droite un champ et sur la gauche une rue qui longe un mur haut de 2 mètres. À moins d'être un champion du saut en hauteur, le moine ne pouvait pas, en 2 secondes, sauter par-dessus et disparaître sans que les deux hommes ne puissent le voir. Par acquit de conscience, ils longèrent le mur pour découvrir ce qu'il y avait derrière. Au bout d'une cinquantaine de mètres, ils trouvèrent une ouverture. C'était le mur du cimetière.

Perplexes, Alain et Jean-Pierre allèrent au bar retrouver leurs parties de billard et leurs connaissances. D'un commun accord, ils décidèrent de taire leur aventure de peur de passer pour des farfelus. Malgré tout, ils avaient bien vu la même chose : un moine en robe de bure, la taille ceinte par une cordelette nouée, les pieds invisibles, paraissant glisser sur le sol. D'une carrure normale, il mesurait 1,70 mètre à un 1,80 mètre.

Durant la soirée et les jours suivants, ils n'osèrent même pas poser quelques questions sur l'histoire du village ou d'une possible légende d'un moine fantôme.

Que pouvait bien faire un moine habillé en robe de bure un vendredi soir dans ce petit village de Provence ? C'est la première question qui me vint à l'esprit après avoir écouté le récit d'Alain. Renseignement pris, il n'y a pas d'abbaye, de monastère ou de lieux susceptibles de servir d'habitation à des moines dans ce village.

Autre hypothèse: une soirée déguisée. Il n'est pas rare de croiser un moine lors d'une fête tant la légende du moine paillard est propice à passer une bonne soirée entre amis. Dans ce cas précis comment expliquer qu'il semblait flotter au lieu de marcher? Comment expliquer sa disparition subite à l'angle d'un pont et d'une rue?

De plus, Alain n'était pas seul. Deux témoins rapportent la même histoire. Tous les deux l'ont vu de très près, 5 à 6 mètres les séparaient du moine. À cette distance, même avec une faible lumière, certains détails sautent aux yeux.

Mais l'histoire d'Alain est loin d'être terminée. La suite est tout aussi étonnante.

Quinze jours plus tard, cette histoire rocambolesque était presque oubliée. Comme tous les soirs, les jeunes habitants du foyer commençaient à regagner leurs chambres avant l'extinction des feux à 22 heures précises. Alain avait sa chambre au deuxième étage. La seconde porte à gauche au fond du couloir.

Il quitta Alice sur le palier du premier et s'engagea dans l'escalier. Il alluma la lumière du couloir en débouchant sur son palier et là, son sang se glaça d'effroi.

Couché, face vers le plafond, devant la porte de sa chambre, le moine était là ! Son cri retentit dans toute la maison. Pris de panique, il dévala l'escalier et tomba littéralement dans les bras d'Alice, alertée par son hurlement de terreur.

Le moine était là devant sa chambre. Ou plutôt la robe de bure avec un corps invisible dedans. Car une fois de plus, même si les formes d'un corps se devinaient à travers les plis du vêtement, aucun membre n'en sortait. Pas de jambes, pas de visage, pas de mains. Bredouillant quelques vagues explications, il se fit accompagner par Alice et Jean-Pierre, qui avaient leur chambre au premier. Ils montèrent avec leur ami au second. Le moine avait de nouveau disparu. Ils fouillèrent la chambre voisine, les toilettes ou encore la douche sur le palier, aucune trace du moine. Jean-Pierre était aussi pâle que son ami.

La robe de bure semblait remplie par un corps. En revanche les pieds, qui auraient dû dépasser du bas de la robe étaient invisibles. Les mains étaient croisées sur le torse, enfoncées dans les manches, dans une attitude propre aux moines. Le visage, quant à lui, était perdu dans l'ombre du capuchon. Avouez qu'il y a de quoi avoir une belle frayeur !

Ils en parlèrent jusque tard dans la nuit sans trouver de réponses satisfaisantes à leurs questions. Ils eurent beaucoup de mal à dormir cette nuit-là et les nuits suivantes. Le moine du cimetière, comme ils l'avaient baptisé, hanta leurs pensées pendant de nombreux jours encore.

Ce n'est que dix ans plus tard qu'Alain se décida à en parler à nouveau. Ce fut dans le cadre de mon émission « Les aventuriers de l'étrange ».

Si la seconde partie du témoignage peut-être expliquée comme étant une conséquence de la première rencontre avec ce moine étrange, il reste néanmoins de nombreuses questions sans réponses.

Parmi les arguments qui permettraient d'envisager un phénomène étrange :

– Ils sont deux à avoir vu ce moine
– Ils étaient à 5-6 mètres du moine durant plusieurs secondes.
– Leurs témoignages concordent sur plusieurs points : la marche « glissante », l'aspect général, la robe de bure, la cordelette, la capuche, la corpulence…
– La disparition du moine aussi subite qu'inexpliquée.

Parmi les arguments qui permettraient d'envisager un phénomène explicable :

- Il faisait sombre. Il aurait pu s'agir d'une personne dans un large manteau serré à la taille.
- Peut-être étaient-ils fatigués par une journée de travail avec une perte de lucidité.
- L'angoisse et la peur leur ont fait « voir » les choses différemment.

Le point fort de ce témoignage est que ce moine bizarre a été vu par deux personnes. Le point qui résiste à toute explication est cette marche « glissante ». Comment un homme peut-il adopter pour une raison ou une autre ce type de marche et accélérer sans se mettre à courir de manière normale ?

Si l'on peut envisager qu'une personne déguisée en moine ait eu peur en apercevant deux jeunes gens se mettant à le suivre sur un pont à la nuit tombée et qu'il ait pris la fuite (c'est déjà très tiré par les cheveux comme hypothèse) comment expliquer cette glissade permanente ?

DESSINE-MOI UN FANTÔME

La mobilité dans le monde du travail n'a rien de paranormal. C'est, au contraire, devenu la norme. En revanche ce qu'a vécu Jean-Michel est en dehors du sentier des histoires normales.

Vivant en Bretagne depuis de nombreuses années, sa femme est mutée dans le sud de la France. Profitant des possibilités qu'offre, encore, la loi, il décide de suivre sa femme et de s'inscrire au chômage, le temps de prospecter sur place et, espère-t-il, trouver un nouveau travail.

Durant les trois premiers mois de leur nouvelle vie, Jean-Michel et sa femme ont vécu chez Muriel, la mère de cette dernière, dans une ancienne maison rénovée avec goût en plein milieu d'une belle bastide du Sud-Ouest. Quittant sa Bretagne natale, les dolmens et les « Fest-noz » il adopte avec plaisir les bords du Lot et les magrets de canards.

Les premières semaines se passent tout à fait normalement. Tout a commencé un soir, alors qu'il se préparait à rejoindre son épouse pour se coucher, il perçut comme une présence derrière lui. Le genre de picotement dans la nuque que l'on sent lorsqu'une personne vous fixe du regard dans le dos ou lit votre journal par-dessus votre épaule. Instinctivement, Jean-Michel se retourne et ne voit rien d'autre que la porte d'entrée, le couloir et le piano sous l'escalier. Haussant les épaules, il monte se coucher sans accorder la moindre importance à ce qu'il pense être un effet de son imagination.

Le lendemain, vers 23 heures, il éteint la télé le dernier comme tous les soirs, et décide d'aller se coucher. En traversant le hall d'entrée, la même sensation que la veille le tenaille. Cette fois-ci, elle est plus intense, plus présente. Inquiet, il se retourne brusquement pour surprendre… Surprendre qui ou quoi pense-t-il. Tu deviens fada comme ils disent dans le Sud. Comme la veille, le couloir est désert.

Chiffonné par cette sensation d'être observé, Jean-Michel essaie de se raisonner. Le lendemain matin, l'expérience de la veille continue à trotter dans ses pensées. Cartésien et bien équilibré, il finit par mettre cela sur le compte du changement de vie, de région. Le troisième soir, c'est avec une certaine appréhension qu'il quitte le salon le dernier. Une fois dans le couloir de l'entrée, la même sensation l'assaille. Cette fois-ci, pas de doute. C'est trop fort pour être un effet de son imagination. Jean-Michel a le réflexe de ne pas se retourner immédiatement. Comme un pêcheur à l'affût, il laisse la sensation prendre de l'ampleur, il laisse venir, le quelqu'un ou quelque chose qui l'observe par-derrière.

Brusquement, il se retourne !

Il aperçoit distinctement une forme brumeuse. Cela ne dure que 2 ou 3 secondes, peut-être moins. Il la voit clairement. Elle traverse le couloir avant de se réfugier sous l'escalier derrière le piano. Le cœur de Jean-Michel bat à cent à l'heure. Il n'en croit pas ses yeux. La peur et l'étonnement le cloue sur place.

Le temps de reprendre son souffle et il décide d'aller regarder derrière le piano. Tout doucement, comme pour surprendre un éventuel animal tapi derrière l'instrument de musique, il avance à pas de loup. Il se surprend même à penser à la tête que ferait sa femme en le voyant ainsi dans le couloir en pleine nuit.

– « Elle me prendrait pour un fou furieux, se dit-il, et elle aurait probablement raison. »

Doucement il contourne le piano, les nerfs tendus comme une arbalète. Rien… Enfin, si.

Un tabouret et deux ou trois affaires rangées au même endroit depuis des années. Pas de forme brumeuse et encore moins de fantôme.

Jean-Michel en arrive même à se demander s'il avait rêvé. En fermant les yeux, il se concentra sur les contours de la forme qui lui avait causé tant de frayeur depuis trois jours. Elle avait un aspect vaguement humain, d'une corpulence moyenne et surtout une forme de triangle à partir de ce qui ressemble à des épaules. Drôle d'apparence pour un fantôme. Bien éloigné des traditionnels suaires blancs avec des chaînes aux pieds.

Finalement il décide de s'octroyer un bon petit whisky avant de rejoindre son épouse.

Le lendemain matin, Jean-Michel reste discret sur sa rencontre de la veille. En revanche, à midi, lors du repas, il se lance et raconte son aventure quitte à passer auprès de sa belle-mère et de sa femme pour un détraqué.

À peine a-t-il commencé son récit qu'elle se lève de table pour aller, dit-elle, chercher du papier et des crayons sous les yeux ébahis de son mari et de sa mère. De retour à table, un sourire en coin, elle tend une feuille blanche et un crayon à Jean-Michel :

– « Tu dessines ce que tu as vu dans le couloir de ton côté. J'en fais de même et nous comparons les dessins, O.K. ? »

Jean-Michel acquiesce, hésite, se demande si c'était une blague et finalement se résout à dessiner la forme qu'il avait cru voir dans le couloir de l'entrée la veille au soir. De son côté, sa femme se penche sur sa feuille de papier blanc et commence à griffonner une forme qu'il ne distingue pas. Intriguée par le manège de sa fille et de son gendre, Muriel reste silencieuse, de plus en plus étonnée par la tournure que prenait la conversation du repas.

Au bout de quelques minutes, les deux époux ont terminé leur dessin.

– « Alors ? Demande Jean-Michel, on se montre nos dessins ? »

Sarah prend la feuille de son mari et la positionne à côté de la sienne. Le résultat est confondant. À quelques détails près, la forme représentée est la même. Légèrement humaine, avec des contours flous et une forme triangulaire à partir des épaules…

Jean-Michel en reste bouche bée.

– « Dès que tu as commencé à parler de cette forme aperçue dans le couloir de l'entrée, j'ai immédiatement repensé à ce que j'ai vu un soir. J'étais en train de discuter avec Frédéric, maman était à la cuisine, elle rangeait la vaisselle. Nous étions dans l'entrée lorsque nous avons vu tous les deux en même temps cette forme traverser le couloir et disparaître derrière le piano. Nous nous sommes regardés en nous demandant si nous avions bien vus quelque chose passer à quelques centimètres de nous. Frédéric m'a décrit ce qu'il venait de voir et cela correspondait tout à fait à ce que j'avais vu et à ce que tu a vu aussi si j'en crois le dessin que tu viens de faire. »

Estomaqué, Jean-Michel examina à nouveau les deux dessins. Pas de doute, il s'agissait bien de la même forme. Sarah n'en avait pas parlé à son mari ni à sa mère de peur qu'ils la prennent pour une illuminée. Pourtant les faits étaient là, bien présents sur les deux feuilles étalées sur la table de la salle à manger.

À deux semaines d'intervalle, indépendamment l'un de l'autre, Jean-Michel, Sarah et leur ami Frédéric avaient aperçu une forme brumeuse traverser le couloir et disparaître derrière le piano. Qu'une seule personne aperçoive quelque chose de bizarre, pourquoi pas. Mais trois adultes équilibrés, qui dans des situations normales déclarent avoir vu cette forme étrange, cela devient beaucoup plus intrigant.

Si les deux époux ne semblaient pas effrayés par la situation, ce ne fut pas le cas de Muriel que l'idée d'avoir une forme ou un être bizarre dans son couloir n'enchantait pas du tout.

En revanche, Sarah semblait excitée à l'idée que la maison de sa mère puisse abriter un fantôme.

Jean-Michel passa son après-midi à examiner cette partie de la maison. Il passa tout au peigne fin : éventuel rayon de lumière, ombre portée d'une lampe, émanation de gaz ou de fumée quelconque…

Aucune des hypothèses même les plus invraisemblables n'apportaient de réponses satisfaisantes aux questions que la famille se posait. Les deux mois suivants passèrent sans autre incidents. La décoration du couloir changea quelque peu. Un crucifix fut accroché dans l'entrée, face à la porte et un rameau d'olivier bénit trouva sa place sous l'escalier à côté du piano.

Qu'ont vu Sarah, Jean-Michel et leur ami Frédéric ? Un fantôme ? Une apparition ? Une hallucination collective, ou un effet de lumière que Jean-Michel n'a pas réussi à comprendre ?

Toutes ces hypothèses sont à étudier scrupuleusement.

L'idée d'une émanation de gaz exprimée par Jean-Michel, est loin d'être à rejeter. Lors d'une enquête sur des apparitions dans un château, une équipe de scientifiques a découvert qu'il s'agissait, en fait, d'un gaz rare produit par les murs de l'édifice qui, dans certaines conditions, devenait fluorescent.

Des effets de lumière peuvent produire une quantité étonnante de phénomènes qui n'ont rien de paranormaux. En revanche, dans ce dossier, il reste un point étonnant : les deux dessins de Sarah et Jean-Michel représentant la même forme…

RÉGLISSE LE RATIER

Cela fait un peu plus d'un an que le maître de Réglisse est parti. Un animal comprend-il ce qu'est la mort ? Comment l'analyse-t-il ? A-t-il des capacités que nous n'avons pas ou plus ? Quoi qu'il en soit, les animaux semblent « ressentir » certaines choses plus finement que bien des humains.

Réglisse est un ratier noir avec des taches feu sur les sourcils et une partie du museau. Âgé de 5 ans, à l'époque des faits, il était allongé aux pieds de sa maîtresse comme tous les après-midi où celle-ci regardait un feuilleton à la télé.

Miriam se reposait sur le canapé. Son feuilleton de l'après-midi lui offrait quelques heures d'évasion, qui lui permettait de déconnecter de la réalité. Elle ne pensait plus, ou pas trop, à la disparition de son mari un an plus tôt. Une leucémie foudroyante l'avait emporté en quelques semaines. Elle commençait à peine à cicatriser. Heureusement, elle n'était pas seule. Sa mère était sa voisine, ses enfants n'habitaient pas très loin et surtout il y avait Réglisse. Ce petit ratier lui apportait toute l'affection qu'un animal peut donner. Sa présence lui avait été d'un grand secours dans les moments difficiles.

Il était là, paresseusement allongé à ses pieds sur le canapé. La tête sur les pattes, il somnolait... Une vie de chien.

Tout d'un coup, Réglisse s'est mis à gémir. Les oreilles dressées, il a sauté du canapé en aboyant. Surprise par ce comportement inhabituel, Miriam suit du regard son chien qui traverse en trombe le salon et la cuisine sans cesser d'aboyer. Elle connaît bien son chien. Il ne réagit pas comme cela pour rien. Il se passe quelque chose d'anormal. Contrariée, plus qu'inquiète, elle quitte à regret le canapé et son feuilleton pour suivre son chien. Elle le retrouve dans la véranda, devant la porte d'entrée. Agité, le poil de l'échine hérissé, Réglisse aboie sans arrêt. Miriam ne comprend plus la réaction de son chien. Les rares fois où il s'est mis à aboyer comme un dératé, c'était quand un chat, un chien ou plus rarement un rat s'aventurait sur son territoire délimité par les haies du jardin. Cet après-midi-là, c'était différent.

Pour en avoir le cœur net, Miriam ouvre la porte donnant sur le jardin. À sa grande surprise,

Réglisse ne bouge pas. Il reste, raidi par la peur, aux pieds de sa maîtresse, sans cesser d'aboyer et de gémir. Le regard braqué vers l'allée qui relie le portail d'entrée à la porte de la maison, il semblait fixer quelque chose d'invisible. Miriam était sur le point de se mettre en colère lorsque son cœur s'est arrêté de battre.

Son mari était en train de remonter l'allée. Il était là ! Son sac en bandoulière, les manches de sa chemise noire retroussées, vêtu de son pantalon tergal marron, il rentrait du travail affichant un large sourire. Il était là, devant elle, à quelques mètres à peine. Réglisse avait cessé d'aboyer. Il s'était assis sur son arrière-train et gémissait en remuant la queue comme pour faire la fête à son maître retrouvé. D'habitude, il allait au-devant de lui dès qu'il franchissait le portail donnant sur la rue. Miriam et Réglisse étaient tétanisés par un mélange de peur et de surprise. Cloués sur place, ils ne pouvaient esquisser le moindre mouvement. Il était là, dans l'allée, il avançait vers eux, toujours souriant, étonnamment vivant. Miriam avait l'impression d'être projetée deux ans en arrière. Elle revivait ce qu'elle avait vécu pendant des années : le retour du travail de son mari. À cette époque, cet événement était banal, il prenait tout à coup une dimension incroyable.

À 5 ou 6 mètres de la porte d'entrée, l'image disparut. Comme si quelqu'un avait coupé un projecteur. Miriam, paralysée par l'émotion, ne bougeait pas. Réglisse se mit alors à japper doucement, à se frotter contre les jambes de sa maîtresse.

Le ratier avait besoin du réconfort de sa maîtresse. Cela veut-il dire qu'il a vu la même chose qu'elle ? A-t-il vu lui aussi son maître remonter l'allée du jardin comme il le faisait à chaque fois qu'il revenait du travail ?

Une chose est certaine. Réglisse avait vu quelque chose. Sinon, comment expliquer son comportement ?

Treize ans après cette après-midi particulière, Miriam se souvient des moindres détails. Sa mère, qui vit dans la maison voisine, était dans son jardin en pleine conversation avec une amie lorsqu'elle entendit les aboiements anormaux de Réglisse. Intriguée, elle vint trouver sa fille. Ce qu'elle vit en arrivant ne la rassura pas le moins du monde. Sa fille, le visage blême, était figée sur le seuil de la porte d'entrée. À ses pieds Réglisse, l'air totalement perdu, gémissait en se frottant à elle comme un chat.

À la vue de ce tableau, elle se précipita vers Miriam.

– « Ça va ma chérie ? » À ces mots, sa fille la regarda.

Ce qu'elle lut dans son regard était incompréhensible. Un mélange de peur et de surprise mêlée…

– « Qu'est-ce qui s'est passé ? Tu es toute blanche ! »

Elle eut beau harceler sa fille de questions, elle n'obtint que de vagues réponses. De guerre lasse, elle l'installa sur le canapé sous la surveillance de Réglisse qui était à nouveau normal.

Miriam mit plusieurs minutes avant de retrouver ses esprits. Cette apparition fut un véritable choc pour elle. Sa mère vint la voir plus fréquemment que d'habitude les jours suivants.

Miriam n'a jamais parlé de cette apparition, pas même à ses parents. Au bout de treize ans de silence, elle se confia à moi, au téléphone, en direct à l'antenne. Elle avait entendu d'autres témoignages de personnes ayant vécu des phénomènes d'apparitions. Les analyses de mes invités, le psychiatre Philippe Wallon, Pierre Macias du site psiland. org ou encore les commentaires de Renaud Evrard du GEIMI (Groupe des Étudiants de l'Institut Métapsychique International) la rassurèrent. Elle n'était pas folle.

La peur du ridicule, de passer pour une folle furent les raisons de son mutisme durant ses longues années. Elle souffrit beaucoup à la suite de cette apparition. Chaque après-midi, elle s'obligeait à rester chez elle au cas où il reviendrait à nouveau. Cet événement avait ouvert des plaies qui commençaient à peine à cicatriser. Cette vision l'avait plongé dans la douleur un an en arrière.

De quoi s'agissait-il ? D'une apparition voulue par son mari décédé pour un ultime adieu ? D'une illusion d'optique générée par l'inconscient de Miriam pour exorciser une douleur trop présente ? Dans cette seconde hypothèse, comment expliquer que Réglisse a vraisemblablement vu la même chose que sa maîtresse ?

MIKE BRANDT

Milène était une habituée des « aventuriers de l'étrange ». Auditrice fidèle, elle avait quelquefois apporté sa contribution sous forme de témoignages ou de commentaires toujours pertinents car elle vivait régulièrement des phénomènes de voyances.

Un soir, elle m'envoya un mail aussi étonnant qu'original. Le texte disait ceci : « J'ai vu Mike Brandt. Appelez-moi si vous voulez en savoir plus. »

Le chanteur étant décédé depuis fort longtemps, je n'ai pas tardé à entrer en contact avec elle.

Depuis sa plus tendre enfance, Milène voit. Elle n'a pas choisi d'avoir ce don ou ce talent. Certains d'entre nous sont doués pour la course à pied, la peinture ou les mathématiques. Milène, c'est la voyance. Il lui arrive souvent de voir des événements qui ne se produiront que plusieurs jours plus tard. Elle ne choisit pas toujours le moment pour recevoir ses « visions ». Selon son propre aveu, cela lui tombe dessus n'importe quand.

De santé fragile, Milène fait de fréquents séjours à l'hôpital. C'est lors du dernier qu'elle a vécu, pour la première fois, un phénomène d'apparition.

Elle était allongée dans son lit, seule dans sa chambre, tuant le temps à coup de réussite. Vers 11 h 30, une aide-soignante lui apporte le repas. Découvrant les cartes pêle-mêle sur le lit, cette dernière lui demande sous forme d'une boutade, si elle « tire les cartes ». Amusée par la question, Milène répond :

– « Peut-être, pourquoi pas. Que voulez-vous savoir ? »

– « Que pouvez-vous me dire sur moi et sur mon avenir professionnel ? »

– « Revenez un autre jour, répond Milène, je verrai ce que je peux faire. »

La conversation en reste là. L'aide-soignante quitte la chambre pour continuer à distribuer les repas. Milène s'installe confortablement, assise sur son lit, le plateau devant elle sur une table roulante, lorsqu'elle aperçoit une forme du coin de l'œil.

À sa grande surprise, un homme se tenait debout dans l'angle droit de sa chambre d'hôpital, juste à côté de la fenêtre. Cet homme, elle n'eut aucun mal à le reconnaître, c'était Mike Brandt !

Habituée à vivre des situations anormales, Milène ne s'attendait pas à cela. Mike Brandt lui souriait tranquillement, debout dans sa chambre d'hôpital. Un éclair lui traversa l'esprit, elle venait de comprendre pourquoi cette ancienne star de la chanson romantique lui faisait l'honneur de sa présence. Il ne lui restait plus qu'à attendre la prochaine visite de l'aide-soignante dont elle ignorait tout ou presque.

À son grand étonnement, Mike Brandt resta dans sa chambre durant trois jours et deux nuits. Souriant sans cesse, debout entre la fenêtre et la télé, il était là c'est tout. Bien sûr Milène tenta de lui adresser la parole, de nouer un quelconque contact. Sans succès. Elle comprit rapidement que cette image n'était visible que pour elle. Elle était liée à cette aide-soignante et ne disparaîtrait qu'à sa prochaine visite.

Une visite que Milène provoqua, le troisième jour. Car le chanteur avait beau avoir un physique agréable, trois jours de sourire permanent devenait lassant. Décrivant l'aide-soignante à une collègue, elle découvrit son prénom et demanda à la voir. Cette dernière vint dans la chambre de Milène en fin d'après-midi.

– « Vous avez demandé à me voir ? » Fit-elle en entrant.

– « Oui, car j'aimerais vous parler de votre fils » Répondit Milène du tac au tac.

– « Comment savez-vous que j'ai un fils ? Qui vous l'a dit ? »

– « Si je vous le dis, vous ne me croiriez pas, sourit Milène. C'est surtout pour vous dire que votre fils a un père très célèbre. »

Milène guetta la réaction de l'aide-soignante. Elle ne s'attendait manifestement pas à cela. Elle continua :

– « Votre fils a pour père un chanteur très célèbre, malheureusement disparu depuis longtemps. Il s'agit de Mike Brandt. »

– Mais, mais, bégaya l'aide-soignante, comment avez-vous su ? Je n'en ai jamais parlé à personne ! Même pas à mon fils... »

Lors de sa jeunesse, elle vécut une courte idylle durant ses vacances d'été avec le beau Mike qui l'abandonna pour poursuivre sa carrière avant de se suicider quelque temps après. La jeune femme voulut garder l'enfant, témoignage de cet amour inachevé. Sur les conseils de Milène, elle accepta de parler à son fils et de lui révéler l'identité de son père.

Et l'image de Mike Brandt pendant tout cet entretien, me direz-vous ? C'est évidemment la question que j'ai posé à Milène aussitôt son témoignage terminé. L'apparition c'est volatilisée dès l'entrée de l'aide-soignante dans la chambre. Selon Milène, et je partage en partie son analyse, cette image était dans son esprit et personne d'autre ne pouvait la voir. D'ailleurs personne ne l'a vue durant les trois jours.

Les phénomènes de voyance qu'elle vivait parfois se matérialisaient par des séquences de films très courts ou de sons. Cette fois-ci ce fut sous la forme d'une apparition.

Ce ne fut pas désagréable conclut-elle. Après tout, qui peut se vanter d'avoir gardé Mike Brandt durant trois jours dans sa chambre ?

LE VISITEUR DU MATIN

Selon certaines croyances populaires, le don de voyance passe dans une famille par les femmes. De mère en fille, le talent se transmet avec plus ou moins de puissance. Dans la famille de Maïthé, la grand-mère est connue pour être un médium. Sa mère pour avoir des flashs de voyance fulgurante, quant à elle, le don s'exprime à travers des rêves prémonitoires. Dans la famille, les phénomènes paranormaux sont monnaie courante. Les histoires étonnantes sont banales. C'est dans ce contexte que Maïthé m'a rapporté ce qu'elle et sa grand-mère ont vécu en 2006.

À cette époque, elle avait pour habitude de se rendre chaque matin au domicile de sa grand-mère sous prétexte de boire un café en sa compagnie. En fait, il s'agissait pour elle de vérifier que tout allait bien et que malgré ses 84 ans, mamie était toujours aussi alerte et autonome.

Un matin, devant le café quotidien, sa grand-mère lui raconta, presque sur un ton badin, ce qu'elle avait vu à son réveil :

– « En me réveillant ce matin, j'ai vu ton grand-père. Fernand était assis sur le bord de mon lit, il me souriait. »

Interloquée, Maïthé répliqua :

– « Mais… Papi est mort depuis une dizaine d'année non ? »

– « Que tu es sotte ! Je le sais bien. » Répliqua mamie comme si cette apparition était un fait totalement anodin.

– « Il était vraiment là ? Enfin je veux dire tu le voyais en couleur ? Comme s'il était réellement assis sur ton lit ? Il était habillé comment ? Qu'est-ce qu'il t'a dit ? »

– « Évidemment que c'était lui, c'était bien ton grand-père. Il était habillé comme d'habitude, il n'a rien dit. Il s'est juste contenté de me regarder en souriant et au bout d'une minute, "pfuit !" Il a disparu. C'est tout. »

Maïthé comprit qu'elle ne tirerait plus rien de sa grand-mère pour qui cet événement était assez anecdotique. Sa réputation de médium avait depuis bien longtemps dépassée les frontières familiales. Mamie avait rendu de nombreux services autour d'elle. Refusant la moindre rétribution en retour.

Certaines de ses visions avaient été d'une précision incroyable. Son entourage la considérait avec un mélange de respect et de crainte. Tout cela faisait que Maïthé ne se formalisa pas de la manière dont sa grand-mère traitait cette apparition de son mari décédé. Elles passèrent la matinée à faire des courses et à préparer le repas. Le lendemain matin, c'est avec une grande excitation qu'elle ouvrit la porte de l'appartement de sa grand-mère.

Mamie l'attendait assise devant deux tasses de café. Ne voulant pas la brusquer, mais curieuse, Maïthé demanda par-dessus la tasse fumante :

– « Tu as passé une bonne nuit ? »

– « Oui et ton grand-père était encore là ce matin à mon réveil. Comme hier matin, il était assis sur le bord de mon lit. Il m'a souri quelques instants et il est reparti comme il est venu. »

Toute la matinée, Maïthé et sa grand-mère commentèrent cette seconde apparition et son éventuelle signification. Ce fut mamie qui aborda le sujet délicat de la mort. Selon elle, cette seconde apparition d'un parent décédé pouvait signifier que sa propre disparition était proche. Mais elle n'était pas du genre à rester sans rien dire.

Maïthé quitta sa grand-mère inquiète. Malgré cette peur légitime, une question lui trottait dans la tête. Que pouvait dire mamie pour reculer l'inéluctable échéance ?

Le troisième matin, l'excitation de la veille avait laissé place à l'inquiétude. Le jour précédent, Maïthé avait téléphoné deux fois pour s'enquérir de la santé de sa grand-mère.

Fort heureusement, mamie était bien là, en pleine forme pour son âge, devant un café plus goûteux que les autres jours.

Elle attaqua la première, un sourire en coin :

– « J'ai encore vu ton grand-père ce matin. Je pense que c'est la dernière fois qu'il est venu m'embêter ».

Maïthé connaissait bien sa mamie et sa force de caractère, pour ne pas dire son caractère tout court. Ce n'était pas le genre de femme à se laisser embêter ou impressionner par quoi que ce soit ou qui que ce soit et encore moins par un fantôme, fût-il celui de son défunt mari.

– « Cela fait trois fois de suite et une fois de trop. Alors je lui ai dit que s'il venait pour m'emporter de l'autre côté ce n'était pas la peine. Je suis très bien ici et toi, tu es très bien là-bas ! Tu comprends, ça suffit comme ça », rajouta-t-elle en buvant une gorgée de café.

L'apparition de Fernand n'a pas paru s'émouvoir de cette sortie mais, selon la grand-mère, elle a duré moins longtemps que les autres matins.

Mamie a-t-elle eu raison de s'emporter? En tous les cas, son défunt mari ne vint pas s'asseoir sur le bord de son lit le quatrième jour. Ni le cinquième, ni le sixième.

Le septième jour, Maïthé ouvrit la porte de l'appartement de sa grand-mère comme tous les matins. En revanche, ce matin-là, aucun parfum de café ne l'accueillit.

Dans la nuit, Mamie s'était endormie pour la dernière fois. Ce fut dans son sommeil qu'elle rejoignit ceux et celles partis avant elle et parmi eux, Fernand qui l'attendait depuis de nombreuses années.

La grand-mère de Maïthé était semble-t-il un médium. Avait-elle senti, elle-même son futur? Son inconscient l'aurait traduit par l'apparition de son époux décédé. Une manière inconsciente de se protéger de la frayeur que procure la mort car il faut être sacrément sage pour accueillir cette inconnue avec sérénité.

D'après certaines études, la moitié des veuves ou veufs déclarent avoir vu au moins une fois leurs conjoint décédé.

SAMIA ET SES APPARITIONS

La plupart d'entre nous ne vivront pas de phénomènes paranormaux et encore moins un phénomène d'apparition. Quelques rares autres en vivront un seul au cours de leur vie, enfin d'autres, encore moins nombreux, en vivront plusieurs.

Samia fait partie de cette dernière catégorie. Âgée de 43 ans, elle a déjà eu à trois reprises l'occasion de voir des personnes disparues.

Mère de deux enfants, elle vit à côté de Nantes.

PAPA ?

Épuisée par une journée de travail : les courses avant de récupérer ses deux enfants et le repas du soir à préparer, Samia s'écroule dans son lit. Elle n'a même pas le courage de lire un chapitre du roman qui est posé sur sa table de nuit à côté du portrait de son père décédé l'an dernier. À peine a-t-elle éteint la lumière qu'elle sombre dans un profond sommeil.

C'est la sensation d'une présence dans sa chambre qui la réveille. Le soleil du matin commence à peine à filtrer à travers les volets. La chambre baigne dans la pénombre, mais Samia perçoit une forme au pied de son lit.

La peur la réveille tout à fait. D'une voix mal assurée, elle lance un petit :

– « Il y a quelqu'un ? » qui reste sans réponse.

Tremblante, elle tend la main vers sa lampe de chevet, tout en redoutant ce qu'elle allait voir. La lumière s'allume. Devant elle, au pied du lit, son père la regarde.

Le premier instant de stupeur passé, elle réussit à articuler :

– « Papa ? »

Car c'était bien lui, pas de doute possible. Il était là avec sa casquette habituelle, tel qu'elle le voyait lorsqu'il était encore en vie.

Son père lui sourit et l'image s'évanouit. Incrédule, Samia, tout en restant sur son lit, va jusqu'au bord du matelas pour regarder dessous. À peine a-t-elle jeté un coup d'œil sous le lit qu'elle prend conscience de l'inutilité de ce geste.

Assise, le dos calé par ses oreillers, elle essaie de reprendre une respiration normale et de retrouver son calme. Rassemblant ses esprits, elle tente de comprendre ce qu'elle vient de vivre. Son père est mort depuis un an. Ce n'est ni la date anniversaire de son décès, ni celui de sa naissance. Personne n'a pu s'introduire chez elle pour lui faire une blague aussi stupide que de mauvais goût. Mais alors qui était-ce ? Au bout de quelques minutes de réflexion, elle en arrive à la conclusion qu'il s'agissait bien de son père. Qu'il avait réussi à lui faire un dernier cadeau avant de partir peut-être encore plus loin. Il allait peut-être atteindre un lieu où tout retour était désormais impossible.

Une vague d'émotion la submergea. Le reste de douleur qui demeurait en elle, dû au décès de son père, sortit totalement. Plusieurs mois plus tard, Samia en était arrivé à la conclusion que son père lui avait fait un très beau cadeau. Grâce à cette apparition, il lui a permis d'évacuer son chagrin et de retrouver la sérénité.

UNE BOUTEILLE D'HUILE D'OLIVE VIERGE

Si le décès d'un parent est un événement que nous serons tous amené à vivre, il n'en va pas de même concernant la disparition d'un compagnon.

Samia a eu le triste privilège de vivre les deux. En deux ans, elle perdit son père la première année et la seconde, un accident de voiture lui arracha son mari. Restant seule avec deux enfants, elle a dû faire face à ses responsabilités. Trois ans séparent cet événement du précédent.

Il lui arrivait souvent de rentrer à son appartement les bras chargés des courses faites pour la semaine au supermarché du coin. À chaque fois, quatre étages sans ascenseur l'attendaient. Heureusement, l'immeuble était découpé en demi-étage ce qui lui permettait de fréquentes pauses. Comme elle se plaît à le dire en plaisantant, elle mérite bien le maillot à pois de meilleur grimpeur. Après tout, Richard Virenque ne grimpait pas les montagnes avec les courses de la semaine sur le porte-bagages de son vélo.

Arrivé sur son palier, Samia posa une partie de son fardeau afin de se libérer une main pour ouvrir la porte d'entrée de son appartement. Elle cherchait la clé dans son sac lorsqu'elle sentit qu'une personne la regardait. Son premier réflexe fut de se mettre en colère et de demander un coup de main à cet importun plutôt que de la laisser se dépatouiller toute seule.

Son regard se porta sur le demi-étage en dessous. Elle fut tellement surprise par ce qu'elle vit qu'elle laissa échapper une partie des sacs qu'elle tenait dans la main gauche. Un bruit de verre cassé s'en suivit, mais ne la détourna pas de ce qu'elle était en train de regarder. Juste en dessous d'elle, à quelques marches, se tenait Jean-Marc, son époux mort dans un accident de voiture quelques années plus tôt. Il était là, en chair et en os, bien visible, bien vivant, habillé dans un de ses costumes qu'il portait pour travailler. Il lui adressa un sourire et comme lors de l'apparition de son père, l'image se volatilisa.

Samia resta plantée devant la porte de son appartement les jambes tremblantes. Il lui fallut plusieurs minutes avant d'avoir la force de rassembler ses affaires éparses et rentrer dans son appartement.

Par acquis de conscience, elle descendit les quelques marches qui la séparaient du demi-étage où se trouvait précédemment Jean-Marc. Bien sûr, il n'y avait rien ni personne. Le cœur lourd, elle retourna chez elle, referma la porte et jeta un coup d'œil aux dégâts. Une bouteille d'huile d'olive vierge s'était brisée. Si c'était le prix à payer pour revoir son mari, elle était prête à en sacrifier plusieurs autres.

LE SOURIRE DE RÉGINE

Samia travaillait pour une grande marque d'assurance. Parmi les nombreux collègues de travail, elle avait une tendresse particulière pour Régine. C'était une femme d'une cinquantaine d'année, discrète, souriante et toujours à l'écoute des autres. Derrière cette façade ouverte et joviale, Samia savait qu'elle cachait un mal dont beaucoup de contemporains souffrent : la solitude.

Lorsqu'elle avait l'occasion d'en parler à l'écart des autres, Régine avait l'habitude de dire :

– « De toute façon, il n'y aura personne à mon enterrement. »

Même si cette phrase était lancée comme une boutade, Samia sentait une blessure profonde. Elle la sermonnait gentiment en lui rappelant que beaucoup de personnes l'estimait, qu'elle n'était pas toute seule, qu'elle, Samia était là.

Un jour, Régine se plaignit d'une douleur au poumon. Trois mois plus tard, elle décédait d'un cancer foudroyant. Lors de ses obsèques, Samia se remémora cette phrase que Régine lançait à l'occasion. Il y avait un monde incroyable. L'église était pleine d'amis, de collègues de travail, de voisins. Au pied de l'hôtel, le cercueil de son amie était couvert de fleurs. Assise au premier rang, Samia était absorbée par ses pensées lorsqu'elle perçut une présence incongrue à côté des marches de l'hôtel.

Levant les yeux, elle vit Régine, debout, les mains croisées devant elle dans une attitude qu'elle avait souvent, observer cette foule venue lui rendre hommage. Samia sentit les larmes lui monter aux yeux. Son regard croisa un instant celui de son amie avant que son image ne disparaisse totalement.

Un mélange de tristesse l'envahit mais aussi une forme de soulagement, car Samia est persuadée que Régine est partie emportant la conviction qu'elle n'avait jamais été seule.

Dans le premier cas d'apparition, une explication psychologique peut apporter un élément de réponse. Les psychologues savent qu'au réveil, certaines images de rêves peuvent subsister. La dernière image rêvée ou encore l'image forte d'un rêve qui vient d'être vécu peut rester imprégnée sur notre écran personnel d'une manière fugace et passer pour une apparition. C'est une hypothèse qu'il faudrait explorer dans le cas de l'apparition de son père. L'argument qui va contre cette voie de travail est que l'image aperçue par Samia est très complexe, très complète. Dans le cas d'images résiduelles, c'est très rare. Rare mais pas impossible.

Un autre aspect intéressant se dégage : Samia voit ses apparitions lorsqu'elle est en position de deuil ou, plus précisément, de souffrance due à un deuil. Son inconscient fabrique ses apparitions, visibles d'elle seule, pour lui permettre d'évacuer ou d'exprimer sa douleur, de la laisser sortir. Est-ce la bonne hypothèse ?

Ou, encore une fois, est-ce un véritable au revoir de nos chers disparus ?

LE SIGNE

La mort, quel grand mystère. Depuis l'aube de l'humanité, l'homme ne cesse de s'interroger à son propos. À quoi sert la mort ? Qu'est-ce qu'il y a après ?

Tout le monde s'est un jour ou l'autre posé cette question. Plus nous approchons de la fin de notre vie et plus cette question prend de l'ampleur.

Le jour de ses 90 ans, la mère de Marie en prit brutalement conscience. Une bouffée d'angoisse la saisit au point de se mettre à pleurer dans les bras de sa fille.

Toute les deux sont très liées. Elles se vouent une affection réciproque mais aussi un grand respect. Devant le désarroi de sa mère, Marie tenta de la rassurer :

– « Tu n'as pas à avoir peur maman. Tu es croyante, tu sais très bien que le bon dieu t'attend là-haut. Tu reverras tous ceux que tu aimes, ils seront autour de toi. Et puis, rappelle-toi cette lumière dont je t'ai parlé. Cette lumière pleine d'amour. »

– « Je sais tout cela, mais j'ai peur de la mort. Répondit-elle en sanglotant. Je ne vais pas tarder à mourir et je ne sais pas ce qui m'attend. »

– « Écoute, moi aussi je suis déjà morte et je t'ai raconté ce que j'avais vu de l'autre côté. Tu n'as rien à craindre, ce sera un océan d'amour. »

Marie avait vécu plusieurs années auparavant une expérience de mort imminente. Pour elle, notre vision de la « grande faucheuse » était depuis longtemps rangée sur l'étagère des croyances erronées. À bout d'arguments devant la peur légitime de sa mère, Marie lui proposa un pacte.

– « Si tu es d'accord, je te propose un pacte. Lorsque tu seras de l'autre côté, tu me feras un signe pour me dire que tu es heureuse, O.K. ? Jusqu'à ce que tu me fasses ce signe, je ferai dire des messes pour toi. »

– « Tu n'y penses pas ! répliqua sa mère. Si je reviens, je vais te terroriser ! Tu vas être paralysée de peur… »

– « Maman, tu ne m'as jamais fait de mal. Pourquoi voudrais-tu que j'ai peur de la personne que j'aime le plus au monde ? Rassure-toi. »

Marie finit par calmer l'angoisse de sa mère et parvint même à lui rendre le sourire. Une année passa paisiblement avant que l'inéluctable ne se produise. Elle perdit sa mère à l'âge de 91 ans.

Écroulée de chagrin, elle fut rejointe par sa fille qui vivait à Paris. Comme toujours dans ces cas-là, en plus du poids de la douleur, il faut gérer toutes les formalités administratives sans parler des obsèques à organiser. Marie et sa fille y consacrèrent tout leur temps. Leurs journées furent bien remplies et émotionnellement éprouvantes. Le quatrième soir après le décès de sa mère, Marie embrassa sa fille avant d'aller se coucher.

Épuisée, elle se glissa dans les draps et éteignit aussitôt la lumière. Elle était dans le noir, les yeux fermés depuis quelques minutes à peine, lorsqu'une violente lumière blanche envahit la chambre.

La première réaction de Marie fut de croire que sa fille avait oublié de lui dire quelque chose d'important et qu'elle avait allumé la grande lumière sans prendre la peine de savoir si elle était endormie ou pas. Elle ouvrit les yeux, pensant voir sa fille dans l'encadrement de la porte. Elle vit autre chose ou plutôt une autre personne.

Baignant dans une lumière violente, sa mère était debout devant elle. Son visage était très net, pas de doute c'était bien elle, détendue, souriante. Son corps, en revanche, avait des contours flous. Il était comme rempli d'une sorte de brume blanchâtre. Étonnée, effrayée et surtout heureuse de revoir sa mère, Marie se redressa dans son lit.

– « Maman, je suis contente que tu sois là. Comment vas-tu ? Comment cela se passe de l'autre côté ? »

L'apparition reste muette. Continuant à sourire en regardant sa fille, les contours de l'image commencèrent à s'estomper. La lumière diminua d'intensité. En quelques secondes, Marie se retrouve seule dans le noir, assise dans son lit. Trop tendue pour dormir, elle se lèva et alla dans la cuisine prendre un verre d'eau. En passant devant la chambre de sa fille, elle réprima une envie de la réveiller pour tout lui raconter. Peut-être que sa mère lui rendra visite à elle aussi. Ce serait dommage de gâcher une éventuelle dernière retrouvaille entre sa fille et sa grand-mère.

Le lendemain matin, Marie raconta à sa file ce qu'elle avait vécu la veille. Sa réaction ne se fit pas attendre.

– « Tu sais maman, le chagrin, la douleur peuvent être à l'origine de beaucoup de troubles. C'est passager, mais il faut être prudent. Il est normal que tu sois très touchée par la mort de grand-mère. Tu devrais peut-être aller voir ton médecin et lui demander des calmants légers. Juste pour quelques temps, pour t'aider à passer cette période difficile. »

Marie comprit qu'il était inutile d'aller plus loin. Sa fille ne comprendrait pas ce qu'elle avait vécu. Malgré son expérience de mort imminente et sa conviction concernant l'au-delà, un doute s'insinua dans son esprit. Sa fille est loin d'être bête, elle avait peut-être raison. L'apparition de sa mère pouvait être le fruit de son imagination. Un effet de son cerveau sous le coup de la douleur.

Marie ne savait plus. Elle était peut-être en train de devenir folle. Il lui faudrait consulter sans doute un médecin lorsque tout serait fini.

Sa fille resta quelques jours après les obsèques et reprit la direction de la capitale. Le premier jour de solitude fut difficile à vivre. Avec la solitude revint le souvenir de la conversation avec sa mère un an avant son décès. Le pacte conclu et son apparition quatre jours après sa mort. Tout cela aurait dû participer à conforter Marie dans ses convictions, bien au contraire. Elle était en plein doute. Pire, son état mental était peut-être en train de se dégrader.

Marie traînait sa peine et ses questions le matin où elle décida de prendre son petit-déjeuner sur son balcon. Son appartement était au dernier étage d'un immeuble de douze niveaux. Elle avait une vue imprenable sur les environs.

Assise devant sa tasse de thé, les yeux perdus dans le vague, elle réfléchissait encore à l'apparition de sa mère et aux questions que cela soulevait. Prise d'une soudaine colère, incapable de trouver une réponse satisfaisante, elle se mit à parler à sa mère disparue à voix haute.

– « Écoute maman, je suis en train de devenir folle. Je ne sais plus quoi penser. Tu te débrouilles comme tu veux depuis là-haut, mais fais-moi un signe, quelque chose, n'importe quoi qui me fasse comprendre que tout ce que j'ai vu l'autre nuit est bien vrai. »

Elle se cala dans son fauteuil et attendit. Le ciel était d'un beau bleu, sans nuage à l'horizon. Quelques minutes passèrent en silence, lorsque Marie entendit un froissement d'ailes. Une colombe toute banche vint se poser sur le rebord de son balcon à quelques centimètres d'elle. Le volatile la regardait sans frayeur et se mit à roucouler. L'émotion submergea Marie. Elle sentit les larmes couler le long de ses joues. Elle ne fit aucun mouvement, n'osa pas bouger de peur de briser cet instant magique. La colombe continua ainsi à roucouler durant quelques minutes puis prit son envol et disparut dans le ciel. Un tel événement n'était jamais arrivé. Aucun pigeon, colombe ou autre volatile ne s'était posé sur le balcon. Pour Marie, le message était enfin clair, où qu'elle soit, sa mère allait bien. Elle lui avait fait un signe.

Que l'on soit croyant ou pas, le premier constat qui s'impose est que cette histoire est extrêmement émouvante. Comment ne pas être touché par cette succession d'événements. Peu d'éléments permettent d'établir un diagnostic scientifique. L'apparition fut-elle une image mentale ou une apparition visible par d'autres que Marie ?

La colombe avait-elle l'habitude de se poser sur son balcon sans qu'elle le sache ? Un heureux effet du hasard aurait permis que cela se passe au bon moment ? Est-il vraiment utile de chercher à tout expliquer ? L'émotion que suscite cette belle histoire représente peut-être la seule vérité. Et puis comme disait un sage : « Le hasard c'est l'humour de dieu. »

LE FAMEUX 5 MAI

Si la nature reste, à bien des égards, insondable, elle reste aussi incontrôlable. Certains soubresauts remettent l'homme à sa place et lui inculquent une leçon d'humilité dans des conditions parfois violentes.

Tous ceux et celles qui ont connu les affres d'une inondation comprennent ce dont je parle. Rentrer dans sa maison à bord d'un canoë et découvrir le chaos des meubles flottant au milieu des pièces est une expérience qui marque. La « gentille » rivière bordant la maison prend, alors, une tout autre dimension.

Saint-Pée-sur-Nivelle est un beau village traversé par la Nivelle. Situé dans les Pyrénées-Atlantiques, c'est un lieu de vacances prisé comme une grande partie des villages du Sud-Ouest.

Kenny habite ce village depuis plusieurs années. Il possède une belle ferme qu'il restaure au rythme de deux week-ends par mois. En une nuit, le fameux 5 mai 2007, il vit une bonne partie de ses efforts réduits à néant.

Plusieurs jours de météo déplorable avaient rapproché les habitants. Le principal sujet de conversation était le niveau de la Nivelle, régulièrement contrôlée par les pompiers. Personne, ou presque, n'avait anticipé la crue soudaine de la rivière. Dans la nuit du 5 au 6 mai, la Nivelle sortit de son lit pour dévaster les alentours.

Comme tous les autres, cette nuit-là, Kenny était resté aux aguets. Malgré cela, la crue faillit le surprendre. Vers 5 heures du matin, l'eau envahit les maisons. Certaines ont eu jusqu'à 3 mètres d'eau à l'intérieur, d'autre moins, mais la plupart se virent patauger dans 1 mètre d'eau. Toute la nuit, les pompiers, la gendarmerie et la solidarité des habitants se mirent à l'œuvre. Monter les meubles à l'étage, s'il y en avait un. Secourir les personnes âgées ou en difficulté, bref, la nuit fut dure et longue. Le soleil se leva sur un paysage d'apocalypse. Les portes des maisons éventrées, des meubles épars dans toute la maison et à l'extérieur. Des voitures retournées ou dans les fossés, des habitants exténués par une nuit de combat contre les éléments.

Comme tous les autres, aux premières lueurs du matin, Kenny commença l'inventaire des dégâts.

Il décida avec une poignée de volontaires venus des villes environnantes prêter main-forte, d'entasser dans la cour de la ferme tout ce qui était à jeter. Ils étaient en plein travail, dans une cohue indescriptible, lorsqu'il aperçut « Xistou » son vieux voisin. Il était debout devant la cour avec son éternel pull rouge et sa canne. D'un calme étonnant, il semblait contempler tout ce remue-ménage avec un certain détachement. En son for intérieur, Kenny se dit qu'il avait dû en voir d'autres. À son âge, ce n'est pas une crue de rivière qui allait l'impressionner, même si selon les pompiers, l'eau était à plus de 6 mètres au-dessus de son cours normal en cette fameuse nuit du 5 mai. Le temps de détourner le regard et « Xistou » avait disparu. Kenny se dit qu'il était parti et qu'il avait sûrement beaucoup d'autres choses à faire que de passer son temps à contempler les dégâts de la nuit.

Malgré cette pensée, quelque chose le dérangeait. Il était trop calme. En croisant sa sœur dans une des rues du village, il demanda :

– « T'as pas vu Xistou dans le coin ? »

– « Ça m'étonnerait qu'on le voie aujourd'hui, il est à l'hôpital ! ». Répondit-elle.

Croyant en une erreur de sa sœur, Kenny insista :

– « Mais non, il était là il n'y a pas 10 secondes. »

– « Eh bien, va demander chez lui tu verras bien. ». Conclut-elle agacée.

D'un pas rapide, abandonnant ce qu'il était en train de faire, Kenny alla chez son voisin. Le fils était en train d'enlever la boue à grands coups de Karcher devant la maison.

Cette dernière semblait ne pas avoir beaucoup souffert à l'intérieur, alors que les marques montraient qu'un bon mètre d'eau s'y était engouffré.

– « Salut Jean, ton père est dans le coin ? »

– « Salut Kenny, non, le pauvre est à l'hôpital depuis hier après-midi. Il a fait une attaque cardiaque, je dois aller le voir avec maman tout à l'heure aux soins intensifs. ».

Devant l'air ahuri de son interlocuteur, le fils de Xistou fronça les sourcils.

– « Tu vas bien toi, t'es sûr ? ».

Sans lui parler de la vision qu'il avait eue, Kenny demanda plus d'explications.

– « J'avoue que je n'ai pas tout compris, commença le fils. Hier matin, il a senti ce qui allait ce passer. Par quel biais, je ne sais pas. Mais, comme les animaux, il comprit que la rivière allait déborder. Il commença donc, seul, à monter tous les meubles au premier étage. C'est en portant le plus lourd qu'il a fait un malaise cardiaque. Maman a aussitôt appelé les pompiers qui l'ont emmené à l'hôpital de Bayonne. Son état est préoccupant mais d'après le cardiologue, il devrait s'en sortir. Il n'a pas voulu parler de ce qu'il avait perçu avant tout le monde car il savait que personne ne l'aurait cru. Bref, il est resté inconscient aux soins intensifs jusqu'à ce matin. Il a repris connaissance mais il est encore faible. Du coup, ajouta-t-il, je suis venu passer la nuit ici pour veiller sur ma mère. Heureusement que j'étais là quant la rivière a débordé sinon, je n'ose pas imaginer ce qu'il aurait pu lui arriver. D'un autre côté, grâce à papa, on n'a pas perdu de meuble, toutes les affaires étaient déjà à l'abri au premier. »

Abasourdi par cette révélation, Kenny prit congé de son voisin et retourna, pensif, à sa ferme qui était loin d'être sortie d'affaire.

Plusieurs questions s'entrechoquaient dans son esprit. Comment est-il possible qu'il ait vu devant chez lui Xistou alors qu'il était au même moment inconscient dans une chambre d'hôpital à une vingtaine de kilomètres de distance? Pourtant c'était bien lui, avec sa canne et son pull rouge.

Interrogeant son entourage, Kenny demanda si quelqu'un avait croisé Xistou ce matin-là. Il dut se rendre à l'évidence, lui seul l'avait vu. Mais alors, pourquoi lui ?

Quelques jours plus tard, il raconta son aventure à son père qui lui conseilla d'en parler à Xistou lui-même. Peut-être avait-il rêvé, vu la ferme de Kenny pendant qu'il était inconscient ? Qui sait ? Il avait peut-être la réponse à ce mystère.

Par peur, Kenny ne fit jamais la démarche. Depuis le temps a passé mais pour Kenny plus que pour les autres ce fut « La fameuse nuit du 5 au 6 mai ».

Dans la littérature paranormale, il existe de nombreux témoignages d'apparitions de ce type. Des hommes et des femmes célèbres vécurent eux aussi, des phénomènes d'apparitions de personnes éloignés et pourtant si présente en… image.

Lors de son témoignage à l'antenne, Kenny a tenu à remercier encore une fois, les pompiers, les gendarmes et tous les volontaires venus à leurs secours dans ces moments difficiles.

Qu'ils en soient donc une nouvelle fois remerciés dans cet ouvrage.

JE NE VIENDRAI PLUS T'ENNUYER

En 1984, Virginie vivait à Maubeuge avant de partir pour des raisons professionnelles vers la capitale. Son délicieux accent du Nord résonnait dans les enceintes du studio où se déroulait l'émission lorsqu'elle me confia ce qu'elle avait vécu.

À cette époque, elle était chez ses parents et fréquentait un jeune homme prénommé Léonard. Ils s'étaient rencontrés quelques mois auparavant, mais Virginie sentait que cette histoire se terminerait rapidement.

Un jour, prenant son courage à deux mains, elle mit fin à cette relation. Son petit ami le prit mal et la séparation fut plus douloureuse qu'elle ne l'aurait souhaitée.

Reprenant le cours de sa vie, elle laissa, pensa-t-elle, cette histoire derrière elle. Elle déchanta rapidement car à maintes reprises, au cours des semaines qui suivirent, il tenta de la revoir afin de renouer leur idylle. Cette situation devint rapidement insupportable pour Virginie. Finalement, de guerre lasse, Léonard lui envoya un « texto » : « Je ne viendrai plus t'ennuyer ». Pour Virginie, la page était enfin tournée.

Une semaine plus tard, elle vécut un événement dont elle se souviendra toute sa vie. Virginie était chez son oncle. Venue avec sa grand-mère, ils partageaient une pause-café en se racontant des histoires de familles. Virginie était calme et détendue car elle aimait beaucoup cet oncle dont elle se sentait très proche. Tout à coup, à la place de sa grand-mère assise en face d'elle, elle vit le visage de Léonard en gros plan. Il la regardait avec un éclat inquiétant dans les yeux. Encore plus surprenant, il lui dit :

– « Ne t'inquiète pas, je ne viendrai plus t'ennuyer. »

Après avoir prononcé cette phrase, il mit le canon d'un pistolet dans sa bouche et appuya sur la détente. Virginie sursauta en arrière. À cet instant précis, l'image disparut. À sa place, sa grand-mère la regardait avec inquiétude.

Virginie ne comprit pas ce qu'elle venait de vivre. Son ex-petit ami était là devant elle. Il lui a parlé, elle l'a entendu distinctement, c'était bien sa voix, il n'y avait pas de doute. La suite fut affreuse et choquante, ce canon de pistolet dans la bouche… La vision (elle ne trouvait pas d'autres mots pour qualifier ce qu'elle avait vu) s'était interrompue au moment où Léonard pressait la détente.

Un frisson parcourut Virginie. Elle mit quelques instants à s'apercevoir que sa grand-mère et son oncle l'interpellaient. Elle avait les mains crispées sur les accoudoirs du fauteuil, elle était comme tétanisée.

– « Virginie, réponds-moi je t'en supplie. Qu'est-ce qui t'arrive tu es toute pâle ! »

Reprenant ses esprits, elle décida de ne rien dire de ce qu'elle avait vu et prétexta une violente douleur dans le ventre pour expliquer cette soudaine absence. Malgré la sollicitude de son oncle et de sa grand-mère, elle ne réussit pas à se défaire du malaise qui l'avait envahi, de cette angoisse qui lui nouait le ventre.

En fin d'après-midi, elle rentra chez elle encore perturbée par son expérience aussi étrange que choquante. Au moment où elle franchit le seuil de la porte d'entrée, apercevant le visage défait de ses parents, elle comprit que quelque chose de grave s'était produit.

Avec beaucoup de précaution, ses parents lui apprirent qu'un grand malheur était arrivé. Elle coupa court et finit la phrase que sa mère avait du mal à terminer.

– « Je sais. Léonard s'est suicidé en se tirant une balle dans la bouche. »

Devant ses parents interloqués, elle fondit en larmes. Dans le calme de sa chambre, Virginie raconta sa vision, sa frayeur au moment où elle vit Léonard porter le revolver à sa bouche et surtout son incompréhension.

Le jour des obsèques de son ex-petit ami, elle découvrit qu'elle avait eu cette vision au moment même où le drame se produisait. Ce fut une question de plus. Comment avait-elle pu voir et entendre ce qu'il se passait à plusieurs dizaines de kilomètres de l'endroit où elle se trouvait ?

Ce type d'apparitions se produit généralement lors de situations graves, stressantes et le plus souvent malheureuses.

Virginie a-t-elle vécu un phénomène d'apparition ? De voyance ? Ou les deux ? Il semblerait qu'elle se soit trouvée en position de voyante lors de ce fameux après-midi. Par le biais d'un mécanisme dont on ignore encore tout, son cerveau a capté une information (le suicide de son petit ami) Il a donc fallu qu'il fasse « remonter » cette information grave. Son inconscient a donc fabriqué cette apparition qui ne fut visible que par elle.

Une image mentale, ou plutôt une courte séquence, a reproduit plus ou moins fidèlement ce qu'était en train de vivre Léonard à des kilomètres de distance.

A-t-il réellement prononcé la phrase: «Je ne viendrai plus t'ennuyer»? Nul ne le sait et ne le saura jamais. Mais il est probable qu'il l'ait pensé très fort au moment d'accomplir son acte funeste. Ce fut même la cause de son suicide.

Il est quasiment sûr que la vision qu'a eue Virginie ne correspond pas à la réalité des faits. C'est une reconstruction de son cerveau à partir des informations qu'il a reçues.

LA RECHERCHE SCIENTIFIQUE

INTRODUCTION

Le terme « apparition » n'est pas aisé à définir. Dans le contexte de la parapsychologie, il désigne la vision d'une personne ou d'un animal qui n'est pas présent, et ceci sans présupposé d'interprétation théorique[1]. Mais nous irons plus loin ici, en considérant une définition plus large donnée par Pascale Catala[2] : « perception par les sens (vue et audition principalement), de personnes, entités, animaux, objets, forme(s) lumineuse(s)… dont la présence est impossible rationnellement. ».

1. Irwin Harvey J. et Watt Caroline A., *An introduction to parapsychology*, Jefferson, McFarland, 2007.
2. Catala P., *Apparitions et maisons hantées*, Presses du Châtelet, Paris, 2004.

Dans le cadre des apparitions de personnes, un des récits les plus anciens parvient d'Eucrate, disciple d'Isocrate (436-338 av. J.-C.), qui disait être à ce point habitué aux fantômes, qu'il n'en n'éprouvait plus aucune crainte. « Alors qu'il était couché en train de lire le *Phédon*, "sa femme vénérée" qui venait de mourir, lui apparut et lui fit des reproches parce que, parmi tous les objets précieux qui avaient été brûlés sur son bûcher, un seul soulier pailleté d'or, ayant glissé sous l'armoire de toilette, avait été oublié »[1].

Nous voyons dès à présent que la notion de revenant n'est pas systématiquement associée à l'image classique d'un individu, drap blanc et chaînes, venant hanter le lieu dans lequel une activité coupable l'aura dissimulé. Mais alors quelles sont les caractéristiques d'une apparition ?

---

1. Tyrell G.N.M., *Apparitions et fantômes*, Éditions Fasquelle, Paris, 1955.

APPARITIONS DE PERSONNES

Caractéristiques des expériences d'apparitions

Plusieurs investigations, dans divers milieux, ont été menées sur le nombre de personnes ayant vécu des apparitions. Elles montrèrent qu'environ 17 à 30 % de personnes avaient eu de telles expériences. Dans l'une d'elles, 31 % des personnes interrogées avaient vécu des apparitions de personnes décédées, tandis que 11 % avaient vécu des apparitions de personnes vivantes. Des apparitions d'animaux ont aussi été recensées. Pour la plupart, ces apparitions duraient moins d'1 minute, tandis que 20 % d'entre elles duraient plus de 5 minutes.

Les apparitions peuvent comporter les stimuli d'un ou plusieurs sens. Ainsi, plusieurs études conduisent à des taux de 61 % d'apparitions qui stimulent un sens unique, tandis que 25 % stimulent deux sens. Parmi celles-ci, 84 % passent par la vue, tandis que 14 % sont ressenties uniquement par l'audition. Un faible pourcentage, 8 %, passe uniquement par un sentiment de présence.

Catégories d'apparitions

Tyrell propose 4 classes d'apparitions :

1. Les « Cas expérimentaux » dans lesquels l'agent a cherché à se rendre visible au percipient.
2. Les « Cas de crise » où une apparition est vue, entendue ou ressentie au moment où la personne apparue traverse une crise quelconque.
3. Les « Cas *post mortem* » dans lesquels une personne apparaît longtemps après son décès, de sorte qu'on ne puisse l'assimiler à un cas de crise.
4. Les « fantômes ou apparitions » qui hantent habituellement certains lieux déterminés.

Cette classification est généralement acceptée, bien que certains parapsychologues incluent les cas d'apparitions de vivants, hors situation de crise, dans la classe 1. D'autres parapsychologues soulignent l'existence d'autres types d'apparitions telles que les apparitions d'animaux, de phénomènes lumineux, de visages uniquement.

Modalités des apparitions

G. Tyrell remarque, sur un échantillon de 1 087 cas, qu'environ 10 % des apparitions sont vécues collectivement, c'est-à-dire simultanément par au moins deux personnes. Mais dans ce type de situation, pour 30 % des cas, l'apparition n'a pas été perçue collectivement. Pour la majorité de ces cas, l'apparition n'est pas reconnue par le témoin. Mais lorsque c'est le cas, il s'agit pour 70 % d'entre elles de personnes dont le témoin sait qu'elles sont décédées.

Ces apparitions semblent bien réelles et solides. Elles occultent les objets se situant derrière elles et des objets devant elles peuvent les masquer. Le témoin peut également remarquer qu'elles se reflètent dans un miroir. Elles ne sont donc pas nécessairement translucides comme les présente la tradition cinématographique. Il est remarquable aussi que, souvent, lorsque le témoin se déplace autour de la silhouette, celle-ci pivotera sur elle-même pour le suivre. Enfin, le plus souvent, l'apparition sortira par une porte plutôt qu'en traversant un mur. Le témoin ressent parfois une impression de froid lorsqu'il s'approche de l'apparition, mais malgré son aspect solide, quelques personnes rapportent que leurs mains l'ont traversé lorsqu'elles ont tenté de la toucher. Tyrell dresse le portrait type d'une apparition (nous sommes dans les années 50). Pour ce faire, imaginons une personne bien présente, et son apparition derrière elle. Voici, selon l'ensemble des descriptions à sa disposition, les points communs aux deux personnages :

- Les deux personnages se tiennent séparés dans l'espace et apparaissent également réels et solides en tous points : couleurs, grain de peau, aspect vestimentaire.
- Il est possible de voir l'apparition comme s'il s'agissait d'un hologramme : cette observation serait identique à celle qu'on aurait en tournant autour de la personne physique.
- Les différences d'éclairages simultanées des 2 silhouettes leur donnent le même rendu.
- Les deux personnages projettent leur ombre de la même manière.
- Si les deux personnages portent une fleur à la boutonnière, l'odeur des 2 fleurs serait sentie de la même manière.
- Les bruits de respirations, de frottement des vêtements, ou les pas des deux personnages sont entendus.
- Lorsqu'on tourne autour de la personne physique, celle-ci peut nous suivre du regard, éventuellement en tournant la tête, voire nous toucher. L'apparition aurait le même comportement.

– Il est possible aux deux personnages de parler. Bien qu'avec l'apparition il ne faille pas imaginer une longue conversation.
– Si on place un miroir près des personnages, les 2 silhouettes s'y reflètent de la même manière.
– Si on ferme les yeux, les 2 personnages disparaissent de notre vision. Ils réapparaissent quand on rouvre les yeux.
– Comme le personnage réel peut posséder des accessoires personnels tels que des lunettes par exemple, l'apparition peut posséder les siens. Il peut s'agir de tout objet, telle une canne, mais aussi d'un animal, voire d'un autre personnage.
– L'apparition peut ramasser n'importe quel objet dans la pièce, ou ouvrir ou fermer une porte. Nous verrions et entendrions le mouvement de ces objets. Mais en fait, il n'y aurait aucun mouvement.

Mais il sera aussi possible de trouver des différences entre les deux personnages :
– Si l'apparition nous touche, nous pourrions ressentir une sensation de froid.
– Si nous essayons de toucher l'apparition, notre main la traverserait sans résistance.

Mais une sensation de toucher quelque chose reste possible.

- Si on saupoudre le sol de talc, l'apparition n'y laisse pas de trace, bien que les bruits de pas des deux personnages soient distinctement audibles.
- Si on prend une photo ou si on enregistre le son, seuls l'image ou le son du personnage réel pourrait être enregistré.
- Après un certain temps, qui peut être de l'ordre de la demi-heure, l'apparition disparaît d'elle-même en « s'évaporant » d'une manière quelconque ou bien en ouvrant une porte et en sortant.
- Il est possible que l'apparition n'imite pas parfaitement le comportement du personnage réel : elle peut devenir faiblement lumineuse, voire se montrer à nous derrière notre tête.

MODÈLES EXPLICATIFS

THÉORIE SPIRITE

La théorie spirite évoque la survivance de l'esprit. Mais il faudra imaginer, afin de rendre l'apparition possible, une existence partiellement physique de l'esprit afin de se manifester. Il lui faut acquérir une certaine densité pour se manifester dans notre environnement physique, ainsi que des possibilités de matérialisation volontaires pour apparaître muni de vêtements ou d'objets représentant des objets réels existants de son vivant (pour les individus décédés), ou même d'objets appartenant à notre environnement tels que des fleurs par exemple. L'esprit ne serait donc pas purement immatériel, sauf si l'on considère qu'il peut « à volonté » se constituer provisoirement de matière.

Il sera possible ici de se reporter au tome 3 de cette collection, *Maisons hantées et poltergeists*.

Hallucinations télépathiques

Edmund Gurney[1] envisagea dès la fin du XIXe siècle l'hypothèse que les apparitions sont des hallucinations médiatisées par la télépathie. Sur demande de la SPR (Society for Psychical Research), il réalisa une étude basée en grande

---

1. Gurney E., Myers FWH, et Podmore F., *Les Hallucinations télépathiques*, Paris, F. Alcan, 1891.

partie sur des témoignages recueillis par cette association. Il commence son analyse par un tour d'horizon des expérimentations sur la télépathie, puis, résultats statistiques à l'appui, il montre que ce phénomène psi peut être raisonnablement considéré comme scientifiquement démontré. Sur cette base il analyse les cas d'apparitions de vivants.

Apparitions au cours des rêves

E. Gurney commence par analyser les cas « d'apparition » au cours des rêves. Les rêves offrent un état propice à l'apparition du psi[1]. Nous avons vu (dans le tome 2 de la collection) que l'analyse des rêves prémonitoires annonçant le décès d'un individu ne peut pas se limiter à considérer le décès lui-même mais devait tenir compte d'autres paramètres. Étant donné le temps de latence[2] de la prise de conscience de l'information psi par le

---

1. Le « psi » est le nom générique adopté pour déterminer les phénomènes étudiés par la parapsychologie : l'ESP (précognition, clairvoyance, prémonition, télépathie) et l'effet PK (interactions esprit-matière). Voir le tome 2 de la collection des aventuriers de l'étrange : *Les Rêves prémonitoires.*»

2. Le temps de latence d'une information est le temps nécessaire à l'information pour aller de sa source à la destination choisie. Ici, la source sera la personne qui se sent

témoin, il faudra considérer comme « télépathie » la prise de conscience d'une information reçue relativement longtemps avant ou après le rêve. Ce temps de latence étant dépendant de facteurs purement psychologiques du témoin, il n'est pas maîtrisé. Ainsi, il est possible de considérer que le témoin rêve du décès d'un proche alors que l'information lui a été transmise plusieurs heures auparavant. Dans ce cas le temps de latence est long. Inversement, la personne sur le point de décéder peut « émettre » l'information vers le dormeur, qui va la traiter rapidement parce qu'il est dans un état propice à ce traitement, et trépasser quelques heures après. Dans ce cas, le temps de latence est court[1].

---

mourir, la destination sera la conscience de la personne qui aura rêvé l'apparition.

1. Ainsi, lorsqu'on parlera de rêve relatif au décès d'une personne, il faudra considérer la télépathie si le décès intervient un laps de temps avant ou après le rêve. Ce laps de temps a été défini par E. Gurney à 12 h. Nous pourrons considérer le phénomène de précognition si le rêve se produit dans ce laps de temps avant la réalisation du rêve. Pour être exact, il sera possible de considérer une précognition s'il existe, dans le rêve, des éléments clairement identifiés comme inconnus du témoin et de la personne sur le point de décéder, à l'instant du rêve.

Plutôt que de se livrer à des spéculations et estimations hasardeuses, E. Gurney chercha à estimer le nombre de personnes ayant rêvé du décès (réalisé ou non) d'un individu au cours d'une période donnée. Il nous dit : « *Cette enquête, nous l'avons entreprise à partir de l'hiver 1883. Nous nous sommes adressés à un assez grand nombre de personnes, et à des personnes de situations et de classes assez diverses pour que le résultat de nos recherches s'applique à l'ensemble de la population anglaise.* »

Le questionnaire était le suivant : « *Depuis le 1er janvier 1874, avez-vous jamais rêvé à la mort d'une personne de votre connaissance ; ce rêve vous a-t-il particulièrement frappé ; et vous en est-il resté une impression angoissante pendant une heure au moins après vous être levé ?* » Cette question a été posée à 5 360 personnes en 1885-86. 173 personnes ont répondu « oui ». Comme 7 d'entre elles étaient particulièrement inquiètes de la personne rêvée, le nombre de « oui » retenu fut de 166. Mais 18 personnes rapportèrent avoir fait ce genre de rêve plus d'une fois. En supposant une moyenne de 3 fois, on peut ajouter 36 au nombre de « oui » pour obtenir un total de 202 rêves de décès. Il est donc possible de considérer que la probabilité de faire un rêve de décès dans cette population et sur 12 ans, est de 202/(5 360 × 365 × 12) soit 1 chance sur 116 221. Par ailleurs le taux de mortalité en Angleterre à cette époque était de 22/1000, c'est-à-dire que la probabilité qu'un individu décède un jour particulier était de 22/(1 000 × 365) soit 1 chance sur 16 591. Ainsi, la probabilité qu'un individu dont on rêve le décès, décède le même jour peut être estimée à (1/116 221) × (1/16 591), soit 1 chance contre 1 928 222 611. Selon ce calcul, l'échantillon de personnes interrogées rapporterait (5 360 × 365 × 12)/1 928 222 611 rêves de cet ordre, soit 0,012 rêve ! De fait, il faudrait un échantillon de personnes 100 fois plus grand pour espérer obtenir, par hasard, 1 ou 2 rêves réalisés. Mais E. Gurney rapporte que ces 5 360 personnes ont réalisé 24 fois un rêve de la personne décédée dans les 24 heures (de 12 heures avant à 12 heures après le rêve). La raison critique[1] pour un tel évé-

---

1. Le calcul de la raison critique (rc) a été évoqué dans le tome 2 de la collection des aventuriers de l'étrange : *Les Rêves prémonitoires*. Pour rappel :

- rc = 2 : il y a 1 chance sur 15 pour que l'écart observé soit dû au hasard (p = 0,067)
- rc = 3 : il y a 1 chance sur 741 pour que l'écart observé soit dû au hasard (p = 0,0013)
- rc = 4 : il y a 1 chance sur 31 526 pour que l'écart observé soit dû au hasard (p = 0,00003)

nement est de 217. Un tel résultat donne 1 chance contre un nombre plus qu'astronomique pour que le résultat soit l'effet du hasard. Il est parfaitement compréhensible que E. Gurney considère la télépathie comme démontrée.

Apparitions en état de veille

Dans les cas d'hallucinations durant la veille, E. Gurney remarque que sur 489 cas d'hallucinations visuelles ou auditives, seulement 24 étaient imputables à un état morbide (maladie, syncope, fatigue, mauvaise digestion…). Ce sont donc des personnes tout à fait lucides qui vivent ces phénomènes, même s'ils restent rares et, dans la grande majorité des cas, unique dans une vie. Il existe plusieurs possibilités de vivre un phénomène d'apparition, tel que l'état d'anxiété (à propos d'une personne malade par exemple), ou sous forme d'image consécutive (reproduction hallucinatoire d'une image ou d'un son précédemment rencontré). Ces hallucinations n'ont pas de correspondant réel. Une apparition peut aussi se produire sous l'effet de l'attente. E. Gurney cite le cas d'une personne voyant des flammes brillantes surgir des pôles d'un aimant dès qu'on lui en suggérait l'idée. Ainsi, et en comparaison, il cite le cas d'une femme qui attendait un ami à un rendez-vous et qui le voit arriver avec du retard. Elle s'avance vers lui, et soudainement il disparaît. Elle se rend alors au bureau de son ami et apprend que celui-ci avait totalement oublié le rendez-vous. La notion de télépathie est ici difficilement recevable sans par exemple un élément dans sa vision, comme une particularité vestimentaire qui lui aurait été inconnue au moment de la vision.

Mais une apparition peut être aussi une conjugaison de réapparition d'images et de création nouvelle. E. Gurney rapporte le témoignage d'un homme qui, après avoir été obligé de tuer son chien qu'il aimait beaucoup, eut l'apparition d'un chien courant sur une pelouse, poursuivi par un homme. Cet exemple est caricatural. Il montre, de toute évidence, qu'il est dangereux d'attribuer un caractère objectif à toute apparition. Celle-ci peut, dans tous les cas, refléter uniquement un état d'âme particulier du témoin.

Pour mener son enquête, E. Gurney utilise le questionnaire suivant : « *Vous est-il arrivé, depuis le 1er janvier 1874, d'éprouver l'impression nette de voir un être humain ou d'être touché par lui, sans que vous puissiez rapporter cette impression à aucune cause extérieure ? Vous est-il arrivé, dans les mêmes conditions, d'entendre une voix humaine ?*

Il ne s'agit ici que des impressions éprouvées lorsque vous étiez complètement éveillé »

Sur les 5 705 réponses, 21 faisaient état d'une apparition concordante à un décès. Et pour 2 d'entre elles, elles avaient eu 2 fois cette expérience. Le nombre d'apparitions concordantes s'élève donc à 23. Comme précédemment, il est donc possible de calculer la probabilité d'une apparition pour un jour donné (sur la même période de 12 ans), sous la forme : 23/(5 705 × 365 × 12), soit 1 chance contre 1 086 430. La probabilité qu'un individu décède un jour particulier reste la même que précédemment, soit 1 chance sur 16 591. La probabilité que les 2 événements coïncident sera donc de (1/1 086 430) × (1/16 591), soit 1 chance contre 18 024 960 130. Selon ce calcul, l'échantillon interrogé rapporterait (5 705 × 365 × 12)/18 024 960 130 apparitions de cet ordre, soit 0,0013 apparitions : Si la concordance n'était due qu'au hasard, il faudrait donc un échantillon 1 000 fois supérieur pour espérer obtenir 1 ou 2 témoignages d'apparition vérifiée. La raison critique[1] pour un tel événement est de 617. Si le résultat obtenu dans le cas

1. Voir ce même calcul à propos des rêves.

des rêves était plus qu'astronomique, ici il devient incommensurable.

Avec ces résultats, il est possible de continuer en considérant que le nombre de personnes ayant vécu l'apparition d'un être cher décédé récemment est très nombreux (parmi les cas d'apparitions eux-mêmes). D'où la question «*comment nous pouvons dans ce cas hésiter sur l'interprétation puisque l'agent possible du phénomène est mort?*». Gurney répond en rappelant que les impressions télépathiques peuvent demeurer latentes pendant un certain temps. On constate aussi que les apparitions durant la veille interviennent avec une fréquence égale, immédiatement avant et immédiatement après la mort, il est donc possible de leur attribuer la même caractéristique de latence que lors des rêves.

Comme dans le rêve, il ne peut s'agir que d'une transmission d'informations, sans apparition physique, il est raisonnable, en considérant qu'une apparition peut n'être visible que par une personne, qu'il s'agit dans le cas de veille aussi d'une transmission d'informations.

Ainsi, les apparitions seraient des projections hallucinatoires d'informations acquises de manière extrasensorielle. Dans le cas de témoins multiples, nous aurions affaire à une contagion télépathique du groupe de témoins, des informations concrétisées par l'apparition. Mais Gurney restreint cette hypothèse aux cas d'apparitions de personnes vivantes, et aux cas d'apparitions de crise. Pour étendre ce modèle aux apparitions d'individus décédés depuis un temps supérieur au temps de latence, il est nécessaire de faire appel à des notions de survivance ou bien à une acquisition des informations par ESP.

En excluant les hallucinations dues au chagrin ou autre raison psychologique, pour le parapsychologue il reste envisageable, dans les cas où l'apparition manifeste des informations inconnues par le témoin à ce moment précis, que le témoin acquière des informations par rétrocognition ou par clairvoyance et qu'elles s'expriment par le truchement de l'apparition.

Auteur, producteur et réalisateur

En 1940, GNM Tyrrell montre, sur la base de son ensemble de cas et par sa définition de l'apparition « parfaite » que toutes les données sensorielles normales sont présentes, mais sans qu'il y ait d'objet physique (pas de trace de pas, objets déplacés mais en réalité restés à la même place, etc.). Il en déduit que les sensations ont deux origines. Une origine classique, celle des organes des sens. Et une origine qu'il appelle « *idée* » qui produit des sensations hallucinatoires identiques à celle des sens.

Une opération télépathique peut être décrite comme une idée transmise par l'agent au percipient en créant donc chez ce dernier les données sensorielles appropriées.

Ce que nous ressentons (vue, ouïe, etc.) serait donc formé par les informations des sens (œil, oreilles, etc.), combiné à des données culturelles, mémorielles, etc. (Manuel Jimenez, 1997), et aussi dans les cas d'apparitions par des données télépathiques (*idée*), pour donner le résultat de ce que nous voyons, entendons, etc.

De nombreux témoignages montrent que les apparitions se comportent comme si elles sont conscientes de l'environnement du percipient et de ce qu'il est en train de faire. Une apparition peut, par exemple, entrer dans une pièce en ouvrant la porte ou projeter une ombre en passant devant un éclairage, mais ces aspects physiques ne seront que « l'expression d'un drame », qui a été coulé dans une forme sensorielle. Tyrrell prend l'exemple du cinéma dans lequel les personnages ne sont pas « là », mais sont des objets optiques exprimant un drame imaginé ailleurs.

Mais qui construit le drame d'apparition ? L'agent (à l'origine du message télépathique), au moment de la crise, ne pense pas au percipient (destinataire du message télépathique), sinon de façon générale. Son rôle se bornerait donc à donner un *motif* de l'événement, en termes tout à fait généraux. Le travail de construction du drame (l'apparition et son comportement) serait effectué inconsciemment par le percipient. Pour illustrer ce propos, Tyrrell donne l'image d'une pièce de théâtre. L'agent est comparé à *l'auteur* d'une pièce de théâtre, avec son thème. Le *producteur* serait une fonction partagée entre l'agent (source de l'information) et le percipient (récepteur de l'information). L'agent fournissant des éléments sources (et associés) du drame, qui ne sont pas « normalement » connus du percipient. Le percipient fournissant des éléments permettant de mettre en place le drame, tel le lieu où il se trouve (que l'agent ne connaît pas), au moment du drame. Enfin, le « *metteur en scène* » ou « *réalisateur* » exprime le drame sous la forme sensorielle de l'apparition. Auteur, producteur, réalisateurs sont bien sûr diverses fonctionnalités du cerveau humain.

Ce modèle permettra de comprendre la quasi totalité des cas d'apparitions, comme les apparitions collectives, dans lesquelles les personnes présentes avec le percipient sont introduites dans le drame. Dans ce cas, c'est le thème qui l'exige. Comme dans le cas où l'idée d'être présent dans le lieu est fournie par l'agent, si l'agent était réellement présent dans le lieu où se trouve le percipient, et si d'autres personnes y étaient présentes aussi, alors ces autres personnes devraient voir l'agent. Ainsi, ces autres personnes sont introduites, par le percipient, dans la réalisation de l'apparition, et conformément au « modèle d'idée » (le canevas de la mise en scène) du *producteur* (le percipient principal), leur *réalisateur* met en scène l'apparition. Ainsi l'apparition est identique à tous, aux détails près des *réalisateurs* individuels ; certains voyant et entendant, d'autres en voyant mais n'entendant pas, d'autres encore en ne voyant pas mais en entendant.

Ce modèle reste applicable aux cas d'apparitions dans lesquels des animaux sont concernés[1]. En effet, nombreux sont les cas dans lesquels des témoignages ou des expérimentations montrent un lien télépathique entre l'homme et l'animal. Ainsi l'animal peut être convié à participation par le *réalisateur* du percipient principal.

---

1. Tyrell G.N.M., *Apparitions et fantômes*, Éditions Fasquelle, Paris, 1955, pp. 118-119.

Par ailleurs, si on accorde à un individu d'être à la source du thème de l'apparition, en fournissant ses éléments de production, pourquoi ne pourrait-on pas accorder cette possibilité à un individu vivant à propos d'un individu décédé depuis longtemps. Nous sommes ici dans les cas d'apparitions *post mortem*. De la même manière que dans un cas expérimental[1], il a été possible à un individu de provoquer l'apparition non pas de lui-même, mais d'un individu disparu, il reste envisageable que cette situation se produise inconsciemment pour un vivant ayant une information quelconque à transmettre. Il aura la possibilité de se constituer agent de l'apparition.

Ce modèle est-il applicable aussi à certains cas dits de hantise? Pour Tyrrell, la mise en scène de cette catégorie d'apparitions reste difficile. Certains fantômes sont identifiés comme ayant autrefois habité la maison qu'ils hantent; d'autres non. Il cite par exemple un cas[2] de maison hantée durant plusieurs années. Il réussit à attribuer le *modèle d'idée* à l'habitante du moment, mais ne réussit pas à attribuer le thème à un autre agent

---

1. *Ibid.*, cas Wesermann, pp. 207-209.
2. *Ibid*, cas 51, p. 221 et suivantes.

que « *le moi survivant ou la personnalité de cette Mrs. S…, dont le fantôme reproduisait l'aspect et les manières d'être* ». Cette impossibilité apparaissait après qu'il ait envisagé le cas expérimental de Wesermann : la production du thème, consciemment, durant une expérimentation. Mais si la production du thème a pu se faire consciemment (seule possibilité envisagée par Tyrrell), rien n'empêche qu'elle n'ait été faite inconsciemment dans le cas de Madame S… Il eut fallu, sans aucun doute, pousser l'investigation en ce sens, ce qui n'a pas été fait.

Dans l'ensemble des cas considérés par Tyrrell pour illustrer ces propos, il en est un (n° 31) qui illustre la diversité des apparitions, mais dont on n'entrevoit pas l'agent potentiel. Il s'agit d'une Mademoiselle Saint-Edmunds qui rapporte en mars 1934 qu'elle s'était installée à Rougham en 1926. Le district lui était alors inconnu, et elle passait beaucoup de temps à le parcourir, en compagnie d'une de ses élèves de 14 ans. En octobre 1926, en se rendant à une église, au cours de leur marche, elles se trouvent sur route de l'autre côté de laquelle elles voient « *une haute muraille de briques vert jaune* ». Elles suivent cette muraille et arrivent devant une grille. Elles jettent un œil et « *derrière cette muraille et la dominant se dressait un bouquet de grands arbres. À partir de la grille un chemin traversait ce groupe d'arbres où se trouvait manifestement une maison vaste. Nous ne pûmes voir qu'un coin du toit au-dessus d'une façade en stuc, où je me souviens d'avoir remarqué plusieurs fenêtres de style géorgien. Le reste de la maison était caché par les branches des arbres. Nous restâmes un moment devant la grille, nous demandant qui pouvait bien habiter cette vaste maison, et je fus surprise de n'avoir pas encore entendu parler du propriétaire…* ». En février ou mars suivant, elles suivent de nouveau le même parcours, et arrivent à la route. « *Dès que nous arrivâmes sur la route, nous nous arrêtâmes net, d'un seul coup et, reprenant notre souffle, nous nous écriâmes : « Où est la muraille ? » Elle n'était plus là. Au bord de la route, il n'y avait qu'un fossé et derrière ce fossé un chaos de terre en désordre, de mauvaises herbes, de monticules, tout cela recouvert par les arbres que nous avions vu lors de notre première visite. Nous suivîmes la route, (…) mais il n'y avait là ni grille, ni allée, ni coin de maison visible. (…) un examen plus attentif nous fit découvrir un étang et d'autres petites mares là où nous avions vu la maison. Il était manifeste qu'ils se trouvaient là depuis longtemps.* » Personne aux environs n'avait jamais entendu parler de cette maison.

S'agissait-il purement d'une hallucination ? Les 2 témoins avaient-elles pu halluciner au même moment, de la même manière ? Voici un autre lieu dans lequel il y eut (au moins dès 1870 semble-t-il, et il s'en produit encore) de nombreuses apparitions au fil du temps :

À la suite d'une émission télévisée consacrée à « l'affaire Moberly et Jourdain » en 1968, Robert Philippe se manifesta pour témoigner d'une apparition, au Petit Trianon[1]. Au cours de sa visite en 1939, alors qu'il était jeune homme, il se sépara un instant de ses parents. Il rencontra alors une jeune femme à l'accent étranger, avec laquelle il discuta un instant. Lorsqu'il baissa la tête pour allumer une cigarette, et qu'il se redressa, l'inconnue n'était plus là. La place était vide à des dizaines de mètres à la ronde. Plus tard, il apprit de ses parents qu'ils l'avaient bien entendu parler, mais seul.

Le Petit Trianon

Le Petit Trianon fut le décor de nombreuses apparitions, dont la plus connue (sans doute de

1. Audinot D., *Les Mystères du Trianon*, Éd. JMG, Agnières, 2003.

l'ensemble des cas), est celle racontée par deux anglaises, Charlotte Anne Moberly et Eleanor France Jourdain dans l'ouvrage *An Adventure*[1], en 1911.

Ces deux dames anglaises passèrent leurs vacances d'août 1901 à Paris, ce qui leur donna la possibilité de visiter le château de Versailles et surtout le Petit Trianon, un château construit sur le domaine, sous l'impulsion de Madame de Pompadour, et que Marie-Antoinette refaçonna à son goût, pour y trouver un lieu de paix éloigné des contraintes de la cour.

Le 10 août, le jour était chaud mais gris, le soleil incertain et voilé, mais après avoir visité le château de Versailles, dont elles ne purent apprécier le charme par leur manque de connaissance du domaine, elles décidèrent de visiter le Petit Trianon. Leur livret guide leur apprend alors l'existence de deux Trianon, et n'ayant pas demandé leur chemin, elles empruntent un long détour, délaissant au passage le Grand Trianon. Elles longent ainsi le mur d'enceinte, mais avant d'atteindre l'entrée principale, Mme Jourdain voit « un

1. Morison E. and Lamont F., *An Adventure*, Éd. Macmillan, Londres, 1911.

portail menant à un sentier». Elles décident de l'emprunter. Elles arrivent alors à des bâtiments de ferme, mais s'en désintéressent rapidement. Il n'y avait personne. Mme Jourdain remarque quelques outils dont une charrue. Elles poursuivent leur route et rencontrent deux hommes auxquels elles demandent leur chemin. Ceux-ci répondent de manière jugée plutôt désinvolte par les dames. Poursuivant leur chemin, Mrs. Moberly se sent envahie d'un abattement extraordinaire mais dissimule cet état à son amie. Puis elles arrivent devant ce qui semble une ferme, d'où sort une femme avec une fillette. Mme Jourdain se sent comme une somnambule, avec une impression d'irréalité oppressante. Mais continuant leur chemin, elles arrivent enfin à un nouveau sentier qui croise le leur et s'y engagent. Elles y découvrent sur leur gauche un petit édifice qu'elles identifieront comme le Temple de l'Amour. À ce moment Mme Moberly ressent un sentiment déplaisant «*Tout semblait anormal, même déplaisant ; même le bois derrière le Temple semblait devenu sans relief et sans vie, comme les bois représentés sur une tapisserie*». Mais il y a un homme assis au pied de la balustrade. Lorsqu'il tourne le visage vers les deux femmes, le regard vague, sans les regarder, elles le trouvent repoussant, répugnant, et

Mme Moberly aperçoit sa peau sombre et tavelée. Elles décident alors de poursuivre leur chemin sur la droite. Tout en marchant, Mme Jourdain se demande si quelqu'un n'est jamais tombé du sentier dans l'eau à leur gauche. Et soudain, alors qu'un choix de direction, gauche ou droite, se présente, un jeune homme apparaît et crie en courant en leur indiquant de ne pas passer par là, de prendre à droite, « cherchez la maison ! », et s'éclipse. Mme Moberly trop anxieuse de poursuivre vers la gauche, se réjouit de suivre son amie vers la droite. Mme Moberly indique alors que juste après avoir passé un petit pont, elles se trouvent derrière une maison de pierre carrée avec une terrasse élevée et devant elles, sous la balustrade, une dame était assise sur un siège posé sur la pelouse. Mme Moberly détaille alors le visage et l'allure vestimentaire de la personne. Les deux amies continuent leur progression jusqu'à la maison d'où Mme Moberly voit encore, de dos, la personne qu'elles avaient croisé. Elles montent alors les escaliers de la terrasse, et Mme Jourdain ramène sa robe sur elle, comme s'il y avait quelqu'un, comme si elle croisait quelqu'un. Surgit alors un garçon qui leur dit qu'elles ne peuvent entrer dans la maison que par la cour de la façade. Il les escorte alors à l'entrée principale du Petit Trianon. Durant tout ce trajet, de la maison à l'entrée, Mme Jourdain ressent une tristesse intense, qui ne se dissipe qu'à l'entrée principale.

Les deux femmes visitent alors le Petit Trianon, accompagnées d'une noce française, sans commenter ce qui venait de se produire dont elles gardent toutes deux un sentiment étrange d'irréalité mais sans s'en ouvrir l'une à l'autre, et continuent leur séjour parisien.

Voilà donc l'histoire de ces deux Anglaises telle qu'on peut en reconstituer la trame ou plutôt l'une des trames possibles, car ce n'est pas simple. Elles rédigèrent indépendamment l'une de l'autre, deux récits de leur aventure[1]. Un premier en novembre 1901, le second est supposé dater de 1906 bien qu'il n'ait été publié qu'en 1913. Mais bien sûr, cette histoire n'est pas tout à fait finie.

Ce n'est que quelques jours plus tard, alors que Mme Moberly rédige un courrier racontant ses visites, qu'elle demande à Mme Jourdain « Pensez-vous que le Trianon soit hanté ? ». Ce à quoi Mme Jourdain répond rapidement « oui ! je le pense. » C'est alors qu'elles échangent leurs sentiments sur les

1. Moberly C.A.E. et Jourdain E.F., *Les Fantômes de Trianon*, Éd. du Rocher, Monaco, 1959.

deux hommes auxquels elles avaient demandé leur chemin, et qui leur avaient répondu de manière discourtoise. Elles prirent aussi conscience de l'étrangeté de l'homme qu'elles croisèrent juste avant la femme sur la pelouse. Mais elles en restèrent là. Ce n'est que le 10 novembre que les deux femmes discutent de nouveau de leur visite, et s'aperçoivent que Mme Jourdain n'a pas vu la femme sur la pelouse. Mais en affirmant qu'il ne s'agit pas d'inattention : elle jurerait qu'il n'y avait personne. Ce jour-là, Mme Moberly reconnaît Marie-Antoinette sur une gravure. Mme Jourdain apprend à cette période, par une amie parisienne, que certains jours du mois d'août, on voyait régulièrement Marie-Antoinette assise devant le jardin au Petit Trianon. Dans la conversation, cette amie lui apprend que l'accent du jeune homme pressé provenait de l'autrichien.

Les deux femmes décident donc de vérifier tous les éléments de leur histoire. Malheureusement la *Society for Psychical Research* n'étant pas intéressée[1] par leur aventure, elles se débrouillent

1. La SPR était focalisée, à cette époque, sur une enquête de grande envergure sur les hallucinations télépathiques. Le cas des deux Anglaises ne leur semblait pas correspondre à ce type de témoignages.

seules. À plusieurs occasions, elles retournèrent au Petit Trianon, seules ou ensemble. Mme Jourdain a de nouvelles sensations identiques mais beaucoup moins intenses, telles que l'audition d'une musique. Leur enquête leur prendra dix ans. Elles arrivèrent à l'explication qu'elles avaient eu accès aux pensées de Marie-Antoinette dans la journée du 5 octobre 1789. Mais leur enquête sera estimée erronée, trop amateur, et de plus leur deuxième compte-rendu fait apparaître, semble-t-il, non pas des souvenirs, mais des éléments de leur enquête. Ainsi leur témoignage, toujours considéré sincère, perd de sa valeur. Les deux Anglaises furent raillées, malgré le succès de leur ouvrage. Puis leur aventure tomba dans l'oubli.

Ce n'est que cinquante ans après que l'histoire refait surface lorsque Guy Lambert propose de placer la journée vécue par les deux Anglaises en juin 1774. Le témoignage prenait alors un nouvel éclairage propre à crédibiliser leur aventure.

De nombreux auteurs ont attribué l'expérience des deux Anglaises à un déplacement dans le temps. Cette hypothèse ne tient pas face aux témoignages des deux femmes. En effet, une telle hypothèse supposerait que l'ensemble du témoignage se déroule chronologiquement et soit identique aux deux personnages. Mais on s'aperçoit de différences dans leurs témoignages, comme la description du jeune homme qui a les cheveux frisés et bouclés sous un vaste sombrero pour l'une des dames, alors que l'autre dit qu'il a des cheveux noirs assez longs. Mais si ce n'était que ça.

Comment expliquer la charrue, qui revêt de l'importance dans le témoignage, que voit Mme Jourdain mais que ne voit pas Mme Moberly ? Mais surtout, comment Mme Jourdain, au début du parcours, peut-elle voir une ferme avec deux personnages, alors qu'ils passent totalement inaperçus à Mme Moberly. Comment, à la fin du parcours, Mme Moberly peut-elle voir la dame identifiée comme Marie-Antoinette, alors que cette apparition reste invisible à Mme Jourdain ?

Le déroulement des événements apparaît plutôt rentrer dans le cadre explicatif de G.N.M. Tyrrell. Il est envisageable que les deux femmes sont entrées dans un état hallucinatoire combinant les informations sensorielles normales leur permettant de se mouvoir dans l'environnement, et des informations sensorielles acquises par clairvoyance (voire par rétrocognition). Par ce biais, le cerveau pouvait construire leurs réalités personnelles et donner forme (ou non) à telle ou telle information. Une différence réside par rapport au modèle de Tyrrell. Ce dernier voit la nécessité d'un thème créé par un agent vivant. Il aborde très succinctement ce cas dans son ouvrage. Cette nécessité est vraie dans un cadre télépathique, et nous ignorons si un tel agent pouvait exister en 1901. Mais Mme Moberly avait déjà été sujette à des apparitions dans son enfance, et Mme Jourdain semblait avoir quelques dispositions au psi.

Dans la situation des deux Anglaises, compte tenu de leurs passés respectifs et malgré le fait qu'elles se défendent de toute attirance vers l'occultisme, l'hypothèse de la clairvoyance n'est pas négligeable. De plus, elles étaient dans un environnement sans doute assez facile à gérer. Étant entrées par la porte des jardiniers, loin de l'entrée principale, elles ont emprunté un chemin éloigné du chemin classique des touristes. Par ailleurs, la durée de leur expérience ayant été estimée à une trentaine de minutes[1], ce temps est compatible avec les temps recensés par G.N.M. Tyrrell pour une apparition. Enfin, relativement à ce que nous verrons dans le paragraphe sur l'environnement physique, ce jour du 10 août 1901 était un jour d'orages électriques. Il devient possible, compte

1. Senelier Jean, *Le Mystère du Petit Trianon*, Éd. Belisade, Cazilhac, 1997.

tenu de ces éléments, d'envisager l'aventure des deux Anglaises sous l'angle d'une construction hallucinatoire sur la base d'une acquisition d'informations par le PSI.

Illusion et erreur d'interprétation

Une autre approche consiste à considérer l'apparition comme une construction purement imaginaire reflétant les désirs et émotions du témoin. L'argument avancé pour soutenir cette hypothèse est les variations des descriptions des apparitions au cours des temps, dépendant des cultures et des besoins sociaux du moment. Néanmoins, cette hypothèse semble non suffisamment étayée en raison de la rareté et de la pauvreté des témoignages correctement documentés avant le XVIIe siècle.

Il est joint à cette théorie la possibilité que certains lieux soient susceptibles de contenir plus de particularités pouvant être interprétées comme paranormales que d'autres lieux. Des études récentes[1] ont demandé à des volontaires de par-

1. Wiseman R., Watt C., Stevens P., Greening E., & O'Keeffe C. (2003). An investigation into alleged « haunting ». *British Journal of Psychology*, 94, 195-211.

courir des lieux à la réputation d'être hantés, et d'autres lieux sans cette réputation. Les participants ayant indiqué qu'ils croyaient aux fantômes indiquèrent significativement plus d'impressions paranormales que les « non-croyants ». D'autre part, pour l'ensemble des participants, les lieux-dits « hantés » recueillirent plus d'impressions paranormales que les lieux neutres. Mais cette hypothèse, susceptible d'expliquer des ressentis, ne donne pas de réponse lorsque des phénomènes PSI (tels que pour l'aventure de Mmes Jourdain et Moberly) semblent devoir être pris en considération.

Illusions d'optique

Nous sommes tous naturellement disposés à considérer notre vision du monde comme « la bonne ». Si nous voyons une fleur, il s'agit bien de ce que vous avez en tête : une fleur. Si nous voyons un tapis roulant, il s'agit bien de ce tapis roulant qu'on peut trouver sur une chaîne de fabrication, ou sur un remonte-pente, voire dans une grande surface si l'on dit escalier mécanique. Mais de fait, notre perception du monde extérieur passe par un certain nombre de capteurs : les yeux, les oreilles, les nerfs, etc. Tous ces capteurs, vous en conviendrez, sont imparfaits dans le sens où ils ne nous restituent qu'une partie des informations de ce monde extérieur. Et heureusement ! Imaginez un instant que nous puissions voir les ondes radios : quel flash ! Nous serions littéralement éblouis et ainsi rendus aveugles. Souhaitez-vous en voir un exemple physique ? Regardez le carré et le rond ci-dessous. Placez l'image à bout de bras, puis fermez l'œil gauche et regardez le carré. Rapprochez progressivement l'image de votre visage. À une certaine distance, ni plus loin ni plus près, la vision du rond disparaît. Cet effet est tout à fait normal. À l'endroit où sont reliés les vaisseaux sanguins et le nerf optique, l'œil ne dispose pas de récepteurs. Lorsque la vision du rond disparaît, l'image de ce rond aurait dû être captée à cet endroit.

L'effet sera le même si vous fermez l'œil droit et que vous regardez le rond. Nous voyons donc que mécaniquement le capteur « œil » peut nous jouer des tours. Bien sûr, nous pouvons étendre cette notion d'imperfection aux autres sens.

De plus, le capteur à lui seul ne fait rien. Lorsqu'on capte une onde radio avec une antenne, il est indispensable de récupérer cette information par un poste radio pour la rendre intelligible. De la même manière, l'information sensorielle chez l'individu va passer par une succession de canaux et d'unités de traitements dans le cerveau pour être décodée, puis acheminée vers ce que nous appellerons notre conscience. Le chemin est complexe, parfois même étonnant.

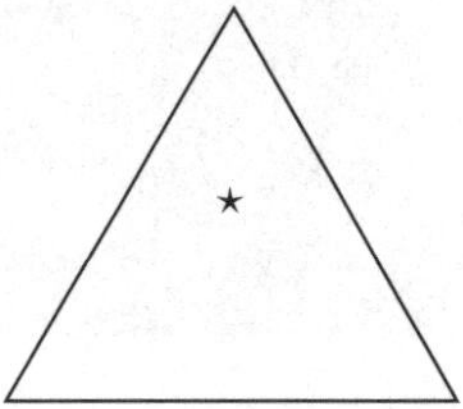

Quel est l'intérêt des figures précédentes? À gauche un dessin de lignes verticales et horizontales anarchiques, et à droite un triangle contenant une étoile proche de son sommet. Alors prenez une règle et constatez que les lignes horizontales du dessin de gauche sont parfaitement parallèles entre elles. Puis vérifiez que l'étoile se trouve à égale distance du sommet et de la base du triangle[1].

Plus que complexe, ce chemin de l'information visuelle à la conscience est parfois plein d'embûches. Regardez l'image ci-dessous en vous en éloignant. Que remarquez-vous ?

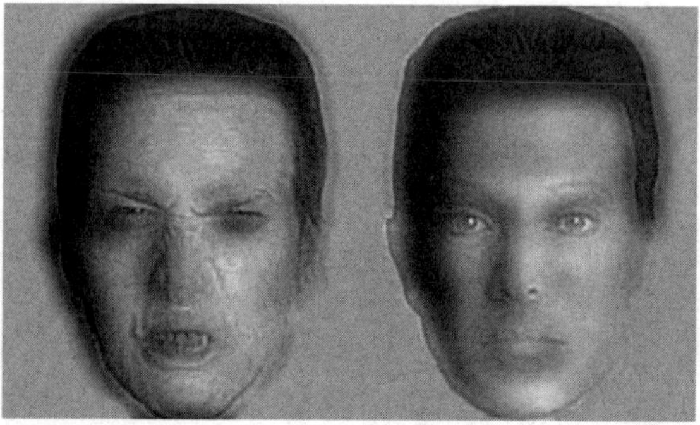

1. On pourra retrouver ces cas, et beaucoup d'autres, sur Internet :
http://ophtasurf.free.fr/illusion.htm
http://illusions.5sens.fr/
http://www.le-temps-au-present.com/index_illusions_optiques_images. htm
http://www.sentezvousbien.com/Illusions.htm

Mais maintenant que nous avons reçu tant bien que mal l'image du monde extérieur, comment est-elle interprétée ?

« *Je regarde de nouveau par la fenêtre. Dans ma rétine, à côté de l'olivier, il y a une église dont la taille est plus petite que celle de l'olivier. Elle est d'un gris laiteux, ses contours sont flous et changeants. Mais je ne vois pas cela, je perçois distinctement la grande cathédrale en pierre de Maguelonne, derrière le brouillard qui monte des étangs. La perception est une connaissance, s'appuyant sur la mémoire.*

Est-ce que je perçois vraiment que le brouillard monte des étangs ? Non, puisque je ne vois pas ces derniers, simplement je sais qu'ils sont là (ou je crois le savoir). Voilà une dernière caractéristique de la perception : elle s'incorpore à la cognition, sans que nous nous "apercevions" que nous ne percevons plus, que nous sommes en train d'utiliser des connaissances non immédiates, souvent non sensorielles. »[1]

J'ai cité les propos précédents de Manuel Jimenez, afin de montrer qu'en plus des défauts

1. Jimenez M., *La Psychologie de la perception*, Éd. Flammarion, Paris, 1997. Bien que cette analyse s'applique aux témoignages d'OVNI, elle s'applique tout aussi bien à la perception particulière ou collective de tout vécu nouveau ou quotidien.

« mécaniques » de nos sens, puis des « défauts » de traitement de l'information, apparaît ensuite la question de la manière dont nous allons comprendre (interpréter) le résultat final. Nous n'allons pas interpréter directement et sans autre référence ce résultat final. Manuel Jimenez montre dans sa thèse, dont est issu son livre de poche, que l'information est combinée à notre mémoire d'expériences précédentes, de connaissances scientifiques ou de croyances, aux acquis de notre culture, c'est-à-dire à quantité d'autres éléments que nous possédons déjà, pour donner naissance à une (notre) interprétation de l'information. Cette interprétation ne sera donc pas l'expression d'une vérité absolue, mais de « notre » réalité à un instant donné.

Pareidolie

Pour illustrer ce qui vient d'être dit, la pareidolie est une tendance à donner du sens à ce que notre cerveau n'a pas pu ou n'a pas su ou encore n'a pas voulu décoder. Il est possible d'illustrer cette démarche par quelques exemples :

Lorsque nous nous trouvons en présence de formations aléatoires comme des couches géologiques ou des traces sur un mur, notre cerveau cherche à donner du sens à ce que nous voyons. Ainsi, sur les photos précédentes, il serait facile de distinguer une face humanoïde, ou un menton en pointe. Cette bizarrerie due au fonctionnement du cerveau pourra se présenter dans bien des situations, jusque dans les nuages ou un plat de lentilles.

Neurophysiologie

Des études cliniques[1] ont montré que des dysfonctionnements des lobes temporaux pouvaient induire des hallucinations visuelles ou auditives. Par ailleurs, ces dysfonctionnements peuvent être rapprochés d'hallucinations vécues par des témoins

1. Palmer J. & Neppe V.M. (2003), A controlled analysis of subjective paranormal experiences in temporal lobe dysfonction in a neuropsychiatric population. *Journal of Parapsychology*, 67, 75-98.

Palmer J. & Neppe V.M. (2004), Exploratory analyses of refined predictors of subjectives ESP experiences and temporal lobe dysfonction in a neuropsychiatric population. *European Journal of Parapsychology*, 19, 44-65.

en privation d'oxygène, comme des alpinistes par exemple.

Environnement physique

Cette approche veut que des variations de champs électromagnétiques ou géomagnétiques puissent perturber le fonctionnement des lobes temporaux d'un individu[1], et induire ainsi des hallucinations, telles que des apparitions. Les infrasons pourraient aussi être à l'origine de sensations de présence, voire d'hallucinations dans certaines conditions[2].

Le champ magnétique terrestre est de l'ordre de 0,5 gauss[3] et varie en direction et en intensité sous l'effet des mouvements du noyau terrestre ou des éruptions solaires. Il peut même s'inverser

---

1. Persinger M.A., & Koren S.A. (2001). Predicting the characteristics of haunt phenomena from geomagnetic factors and brain sensitivity: Evidence from field and experimental studies. In J. Houran & R. Lange (Eds.). *Haunting and poltergeists: Multidisciplinary perspectives*. Jefferson, NC: McFarland.
2. Tandy V. (2000), Something in the cellar. *Journal of the Society for Psychical Research*, 64
3. Soit $5{,}10^{-5}$ tesla. 1 mG équivaut à 0,1 microtesla.

au cours des époques géologiques. Par exemple, une étude sur les séquences volcaniques à Hawaii[1] sur les 400 000 dernières années, a montré une fluctuation de 180 à 790 milligauss pour une moyenne de 440 milligauss. D'autre part, en un lieu donné, il peut varier de quelques dixièmes de milligauss en période calme à quelques milligauss en périodes agitées.

Dans plusieurs endroits, des chercheurs ont remarqué des variations ponctuellement plus importantes. Au château de Engsö en Suède, la comtesse Catharina Piper vit une apparition (une silhouette féminine). À la suite de Dean Radin et Raymond Moody qui ressentirent des impressions anormales en ce lieu, Andrew Nichols et William G. Roll refirent des investigations quelque temps plus tard, en 1999. À l'endroit des sensations de Radin et Moody, ils détectèrent un champ magnétique de 752 milligauss, alors que le champ magnétique était de 650 milligauss partout ailleurs dans le château. Michael Persinger suggéra alors que la variation du champ magné-

---

1. http://www-ist.cea.fr/publicea/exl-php/0000036908-variations-d-intensite-du-champ-magnetique-terrestre-enregistrees-par-des-sequen.html

tique, lors du déplacement des personnes, est susceptible de produire des sensations anormales, voire des hallucinations.

Mais cette explication ne semble pas satisfaisante à expliquer l'ensemble des apparitions. En effet, si la comtesse vit une silhouette féminine, Nichols témoigna d'une sensation « d'énergie », Moody eu la sensation d'une présence lumineuse émergeant d'un miroir, et Radin eu la sensation d'une vibration, mais aussi une impression lumineuse argentée à la périphérie de son champ de vision. Dans ce château, il semble que chacun a été confronté à une imagerie correspondant à ses préoccupations du moment. En effet la comtesse Piper ressent une affinité particulière pour Brita Baath, une propriétaire précédente des lieux représentée sur un tableau du château et à laquelle elle assimila sa vision. Raymond Moody était quant à lui en cours d'exploration des possibilités du psychomanteum (sur lequel nous reviendrons), qui consiste à évoquer un défunt au travers d'un miroir. Il semble que Dean Radin ait eu une réaction plus conventionnelle (en tant qu'ingénieur) puisqu'il a ressenti ce qui peut être un phosphène (sensation lumineuse interne à l'œil), normalement ressenti chez certaines personnes lors de l'exposition à un champ magnétique minimum de l'ordre de 40 000 000 milligauss. Il est possible d'envisager ici aussi que Dean Radin ait réagi non pas à l'intensité du champ magnétique lui-même, mais à sa connaissance des champs magnétiques, donc toujours selon ses propres prédispositions.

Mais en raison de ces ressentis très différents, cette expérience semble s'écarter des apparitions collectives simultanées, ou vécues par plusieurs personnes en un même lieu à différentes époques, à propos desquelles les témoins rapportent sensiblement le même discours.

Une autre investigation de Roll et Nichols, à Fort Leonard Wood, apporte également des éclaircissements sur un autre type d'apparitions sur photos. Il s'agissait d'une famille de trois enfants témoignant de bruits de pas inexpliqués, de fluctuations de l'éclairage électrique, ainsi que d'apparitions sombres. Un policier militaire (nous sommes ici dans une base militaire) témoigna également d'avoir entendu des bruits de pas dans la maison alors qu'il y était seul.

Roll et Nichols remarquèrent que le champ magnétique variait d'un niveau normal à 561 milligauss à une valeur extrêmement faible de 26 milligauss à l'une des extrémités de la maison. Cette situation, qui n'était pas reproduite dans les maisons avoisinantes, créait donc des conditions propices à l'apparition de sensations d'allures paranormales. Les chercheurs préconisèrent l'utilisation de mu-métal (comme isolant) afin de réduire cette variation de champs magnétique.

Mais lors de cette investigation, W. Roll eut l'idée, comme dans un autre cas investigué précédemment, que cette anomalie magnétique associée à un air humide pouvait générer des formations vaporeuses assimilables à un fantôme. Les deux chercheurs mirent donc en place un vaporisateur au rez-de-chaussée, et un autre dans la chambre de l'un des enfants, de 4 ans, qui disait avoir vu l'apparition d'un homme dans sa chambre. Deux heures après ils prirent une série d'une centaine de photos. Sur plusieurs d'entre elles, ils obtinrent des traînées et des points lumineux sur fond sombre. Deux photos montraient uniquement un éclair très lumineux. Aucune de ces formes lumineuses n'avait été vue par les deux hommes lors des prises de vues.

LA REPRODUCTION EXPÉRIMENTALE DES APPARITIONS

Apparitions de vivants

Dans sa classification, G.N.M. Tyrell indique les « cas expérimentaux » dans lesquels l'agent a cherché à se rendre visible au percipient. En 1955, il recensait 16 cas dans lesquels l'expérience avait été réussie. C'est donc là une expérience qu'il est possible de répéter. On saurait quand et où les attendre et mettre en place les moyens de contrôle. Il serait également possible d'étudier l'état des participants. Dans plusieurs des cas, l'agent allait dormir après s'être concentré sur le percipient (la personne qui allait vivre l'apparition). Ce n'est qu'à ce moment-là que le percipient (qui ignorait l'expérience en cours) avait l'apparition.

Actuellement, de nombreux appareillages sont disponibles au grand public : caméra infrarouge ou à vision nocturne, magnétomètre, enregistreurs audio divers, etc. Il est donc possible à tous de tenter l'expérience.

Néanmoins, il sera indispensable de s'adresser à des spécialistes lorsque des mesures trop vagues ne seront pas susceptibles d'interprétations claires.

Il serait effectivement aisé de confondre « traînée lumineuse » et « apparition ».

PSYCHOMANTEUM

Le psychomanteum a été présenté dans le volume *Maisons hantées et poltergeists* dans la même collection. Il s'agit d'une technique utilisée dès l'époque grecque pour tenter d'entrer en relation avec des défunts à l'aide d'un miroir. Mais elle nécessite un accompagnement psychologique comme ce fut le cas dans d'autres types sociétés.

Djohar Si Ahmed souligne qu'une telle pratique, « *introduisant dans un contexte psychothérapique des objets réels (...) ayant appartenu à la personne décédée, se situe dans une sorte de rupture avec les psychothérapies plus classiques.* »[1] Ces considérations impliquent que « *le protocole d'une telle expérience constitue un "garde-fou" majeur, car il nécessite une longue préparation et un accompagnement adéquat par un thérapeute.* »

Une telle expérience ne peut donc pas être reproduite par le tout-venant, mais nécessite

1. Mercier E.-S. et Si Ahmed Djohar, *Expériences autour d'un miroir*, Éd. JMG, Agnières, 1998.

l'indispensable présence d'un psychothérapeute connaissant ce type d'expérimentation. Dans le cas contraire, l'essai serait sans doute dommageable et surtout décevant pour le sujet.

Ectoplasmes

L'Institut Métapsychique International[1] est une fondation née en 1919 et reconnue d'utilité publique, à l'origine desquels se trouvent le Pr Rocco Santoliquido, Conseiller d'État et ex-directeur du Service de Santé d'Italie, et le Dr Gustave Geley, ex-externe des hôpitaux de Lyon. Intéressés par les phénomènes psychiques de cette époque (début 1900), ils souhaitaient mettre en place un laboratoire d'étude. Un mécène, spirite convaincu, Jean Meyer, négociant de Béziers, leur fournit les ressources nécessaires par son soutien financier.

Ainsi naquit l'I.M.I. qui comptait dans son premier bureau des personnalités comme le Comte Arnaud de Gramont de l'académie des sciences, l'ingénieur Gabriel Delanne, le directeur de l'observatoire de Juvisy Camille Flammarion, le nobel

1. http://www.metapsychique.org/

de physiologie Charles Richet, entre autres, et bien sûr R. Santoliquido et G. Geley. Il est possible, je crois, de caractériser la ligne de conduite de l'IMI (ainsi, d'ailleurs, que les valeurs morales des deux interlocuteurs), par un dialogue entre son mécène Jean Meyer, et le Dr Eugène Osty. Après le décès de G. Geley il fallut choisir un nouveau directeur. Lorsque J. Meyer, fondateur par ailleurs de la Maison des Spirites, proposa ce poste au Dr E. Osty, celui-ci lui répondit : « *Votre démarche m'honore.* (...) (Mais) *Que diriez-vous si, un jour, du laboratoire que vous me demandez de diriger, sortaient des études de faits suggérant que les enseignements de la Maison des Spirites sont, en tout ou partie d'illusoires interprétations de faits exclusivement produits par des pouvoirs inconnus des vivants ? Il ne saurait, cela va sans dire, être question pour moi de prendre la direction de l'Institut Métapsychique International qu'à condition d'une liberté complète de travail et d'écrits. Croyez-vous pouvoir courir le risque de faire détruire l'œuvre de l'une de vos fondations par le travail de l'autre ?* ».

J. Meyer répondit : « *Oui, j'accepte ce risque. Je vous sais chercheur sincère. Cela me suffit.* »

Les sœurs Fox donnent naissance au spiritisme aux États-Unis en 1848, doctrine qui se répand comme une traînée de poudre jusqu'en Europe. Fin XIXe début XXe, les salons européens regorgent de guéridons et autres tables tournantes, c'est l'engouement généralisé. Il est enfin possible d'avoir des nouvelles de disparus, particulièrement de nos jeunes enfants tués au front de telle ou telle guerre fratricide. Les portes de l'au-delà ne sont plus closes. C'est dans cette atmosphère de lumières tamisées qu'arrive un nouveau phénomène. Dorénavant, après avoir communiqué par le verbe avec les esprits, après avoir vu apparaître les premières photos d'esprits, sera-t-il possible de retrouver le contact physique avec nos disparus ? Ce nouveau média pourra-t-il être l'apparition objective – physique – de l'esprit ?

Au début du XXe des médiums semblent être en mesure de donner la possibilité aux esprits défunts de se matérialiser sous la forme d'une substance d'abord soit vaporeuse, soit solide. Rapidement, cette substance s'organise en formes pouvant avoir les capacités anatomiques et physiologiques d'organes vivants (mains, visages, corps, etc.), et certaines apparitions sont reconnues par des personnes présentes.

La présentation du phénomène au grand public sera faite sous la plume de Juliette Alexandre-Bisson[1]. Dans son ouvrage, elle décrit les expériences effectuées avec Eva Carrière (pseudonyme), médium très controversé. De son côté, le médecin allemand Albert de Schrenck-Notzing[2] effectuait ses expériences avec le médium Stanislava P. Cette jeune femme, qui était de bonne famille, perdit ses parents très jeune et fut adoptée par un jardinier. À 10 ans, elle était complètement illettrée, et lorsqu'à 18 ans elle se prêta pour la première fois à des expériences, elle ne savait pas encore parfaitement lire et écrire. Elle ne montrait guère de compréhension pour les conditions nécessaires aux séances, et se mettait à disposition des chercheurs plutôt pour satisfaire ses parents adoptifs et pour gagner sa vie.

Avant chaque séance, Stanislava se déshabillait complètement, généralement en présence d'une

---

1. Bisson J.A., *Les Phénomènes dits de matérialisation. Étude expérimentale*, Éd. Félix Alcan, Paris, 1914.
2. De Schrenck-Notzing A., *Les Phénomènes physiques de la médiumnité*, Éd. Payot, Paris, 1925.

dame, et enfilait le costume fournit par les expérimentateurs. En juin et août 1913, ce vêtement était constitué d'un tricot noir couvrant tout le corps et qui ne pouvait être boutonné que dans le dos. Un voile, cousu au col du tricot, enveloppait la tête et était fermé sur la nuque. Les fermetures du dos et de la tête étaient plombées pour en assurer l'inviolabilité. Les mains étaient enfermées dans des sacs de voile cousus aux manches. Les expérimentateurs considéraient impossible de manipuler des objets dans ces conditions. La séance du 1er juillet 1913 commence comme toutes les autres. Stanislava revêt le costume qui est plombé, et les gants. Elle s'installe dans le cabinet noir, derrière le rideau, et est mise sous hypnose par les expérimentateurs. Le rideau est fermé. 30 minutes plus tard, le médium ouvre le rideau. Une masse apparaît de nouveau sur une longueur de 50 cm, et une largeur de 15 à 20 cm, allant de la bouche au nombril. Des photographies au magnésium sont prises et on ferme le rideau. Sur la photo de face, les formes du haut du corps du médium sont nettement visibles à travers le tricot. La lèvre supérieure est recouverte d'une substance blanche qui cherche à traverser le voile pour se déployer à l'extérieur. La masse ressemble à un travail au crochet, fait de fils de laine de volumes différents, avec des bords épais. Les photographies prises à droite et à gauche au même moment ne laissent plus doute que la substance a traversé le tulle qui entoure le visage.

À propos de ces matérialisations, De Schrenck-Notzing fait la réflexion que tout dans ces expériences est suspect et invraisemblable. Celui qui considère les contrôles comme insuffisants sera convaincu de la fraude. Mais ceux, qui comme lui, sont convaincus que la fraude est impossible même à l'intérieur du cabinet, se trouvent face à une énigme.

Analyse des apparitions de Stanislava

Mais il est possible, maintenant, de se demander de quoi est constituée cette substance. Voilà une question à laquelle il est difficile de répondre puisque ces médiums refusent qu'une partie quelconque de l'apparition soit prélevée. Une telle ponction serait désastreuse pour leur santé, et pourrait même les conduire à une mort assurée.

Malgré cette objection commune, un chercheur du nom de Lebiedzinski put recueillir un fragment d'un ectoplasme de Stanislava. Il plaça une capsule sur les genoux de la médium, et lorsque l'ectoplasme se résorba, un petit morceau tomba dans la capsule[1]. Une moitié du fragment fut envoyé au Dr De Schrenck-Notzing qui fit faire l'analyse par l'Institut biologique de Munich, l'autre moitié fut analysée au laboratoire de bactériologie du Musée de l'Industrie et de l'Agriculture à Varsovie. Les deux comptes-rendus donnent des résultats comparables. La substance représente une matière albuminoïde, accompagnée d'une substance grasse et des cellules qui se trouvent dans l'organisme humain. Les amidons et les sucres sont absents au réactif de Fehling. Les globules blancs sont en grand nombre ; supérieur à celui qu'on peut trouver dans les expectorations[2]. La matière rappelle fortement le liquide lymphatique[3] du corps humain. De fait cette analyse donne peu d'éléments sur la constitution même de l'ectoplasme, si ce n'est qu'il a transité réellement par l'organisme du médium. Malheureusement ces analyses sont quasiment uniques, et il n'est pas possible actuellement d'en savoir davantage.

---

1. Lebiedzinski P., « Expérience de matérialisations avec Mme Stanislava P. : Essai d'analyse de la Substance », *Revue Métapsychique* internationale n° 6 juillet-août 1921.
2. Crachats ou sécrétions.
3. Liquide qui intervient dans les défenses immunitaires.

Expérience type

Des formes de matérialisations plus élaborées furent obtenues avec le médium Franek Kluski à partir de 1921. Elles eurent lieu à l'Institut Métapsychique International, dans une pièce sans fenêtre du rez-de-chaussée, spécialement aménagée pour ce genre d'expériences. Cette pièce possédait 2 portes, à l'opposé du cabinet noir du médium, qui étaient systématiquement fermées à clefs après l'entrée du médium et des expérimentateurs.

La pièce était éclairée par une lampe rouge à graduations de 0 à 50 bougies. Le médium était assis sur une chaise, devant le cabinet noir, dont les rideaux restaient ouverts. F. Kluski gardait une immobilité à peu près totale durant toute la durée des séances. Néanmoins, il était contrôlé par ces voisins de gauche et droite qui lui tenaient les mains, et le contact était maintenu par les genoux et les jambes. G. Geley précise que le truc de la substitution des mains est à peu près impossible à exécuter avec des expérimentateurs au courant du procédé, et les contrôleurs restaient très attentifs à cette possibilité.

Les séances avec Franek Kluski étaient assez rapides. Après que tous les participants se soient installés, le médium se mettait en demi-transe (état qu'il préférait afin de garder conscience des phénomènes) et les manifestations se produisaient très rapidement. L'essai durait 30 minutes environ, puis la séance reprenait après un temps de pause de 15 minutes. Hormis la respiration[1] et le pouls qui s'accéléraient, le médium n'avait aucune autre réaction. Il revient à lui spontanément dès que la lumière est augmentée brusquement et reste dans un état de prostration prononcée. Une soif intense l'oblige à se désaltérer abondamment, puis tout rentre dans l'ordre peu à peu.

Au début de chaque séance, une odeur d'ozone apparaissait brutalement, puis disparaissait tout aussi rapidement avant que ne débutent les matérialisations. Celles-ci commençaient par des vapeurs légèrement phosphorescentes, qui se condensaient en mains ou visages parfaitement formés. En même temps que les vapeurs, des lueurs semblables à des foyers de condensation apparaissaient. Ces lueurs pouvaient se déplacer assez loin du médium,

1. Il sera possible d'écouter la respiration d'un autre médium de cette époque, Rudy Schneider, durant une production d'ectoplasme, diffusé durant l'émission « Les aventuriers de l'étrange » du 24/06/2006, accessible à partir de la page Internet : http://psiland.free.fr/sud_radio/index. html

jusqu'au plafond, à 2,50 m, qu'elles éclairaient distinctement. Lorsque G. Geley évoque la possibilité de truquage, il rappelle que ces lueurs étaient parfois nombreuses et flottaient à gauche et à droite, ainsi qu'au-dessus du médium. Elles s'écartaient de lui très loin de la portée de ses mains. Elles représentaient souvent des doigts ou des visages ébauchés. Toute cette fantasmagorie supposerait une pièce truquée ou un comparse libre de ses mouvements, ce qui était impossible dans ce laboratoire, avec les contrôles appliqués. Lors de la séance du 20 novembre 1920, le Dr Geley contrôlait une main du médium, tandis que l'autre main était contrôlée par le comte Potocki. Au cours de la séance, Geley vit une main longue et fine, au bout d'un bras, se former sous ses yeux. Elle traversa lentement le cercle des présents, en passant devant le médium, et vint toucher Mme Geley qui se trouvait en face de M. Geley. C'était une main d'homme. Le poignet était fin. L'avant-bras et le bras étaient revêtus d'un tissu en toile blanche, avec des plis longitudinaux très réguliers. Immédiatement après le contact perçu par Mme Geley, la main disparut.

Retour sur la définition

Après cette expérience typique, revenons sur ce qu'est l'ectoplasmie. Lors du congrès de métapsychique, à Copenhague, durant l'été 1921, Juliette Bisson revendique la découverte de la « substance » en la décrivant. Elle apparaît en masse fibreuse déchiquetée et sort des muqueuses ou régions lombaires, de la nuque, du côté gauche. Sa sortie est souvent précédée d'un liquide abondant coulant de la bouche. Elle peut émaner des gencives et aller jusqu'au sol, mais elle reste toujours reliée au médium.

Au toucher, elle paraît humide voire visqueuse ou dure, sèche et légère. Partant de cette substance, des doigts, mains, visages se développent en changeant facilement de proportions : un visage peut passer de la taille d'une orange à une taille normale.

Le Dr Geley poursuit cette description dans la *Revue Métapsychique*[1] en indiquant que les rapports d'expériences parlent, très simplement, d'un phénomène biologique d'un immense intérêt. Mieux ; on trouve dans la physiologie et la biologie animale, des analogies ou des liens entre le processus ectoplasmique et certains phénomènes des sciences naturelles. « *La matérialisation n'est donc*

1. Geley G., « L'Ectoplasmie », *Revue Métapsychique* n° 7 sept-oct 1921.

plus, aujourd'hui, la manifestation merveilleuse et quasi miraculeuse qui était décrite et commentée dans les premiers ouvrages spirites. C'est pourquoi l'on peut et l'on doit, me semble-t-il, substituer au terme "matérialisation", le terme "ectoplasmie". » Le Dr Geley poursuit en indiquant que pendant la transe du médium, une partie de son organisme s'extériorise. Il s'agit parfois de fragments de matière, jusqu'à une masse correspondant à la moitié du poids du médium. Il se présente comme vaporeux ou solide, et s'organise pour prendre une forme d'organes (mains, doigts, etc.) biologiques vivants lorsque le phénomène est complet. La forme vaporeuse est diffuse, parfois vaguement phosphorescente, et semble se dégager de la tête du médium. Il s'y forme parfois des points brillants rappelant les vers luisants.

Manifeste des 34

Sur l'initiative de Paul Heuzé, un sceptique des formations ectoplasmiques de l'époque, du 20 mars au 23 juin 1922, des expériences à la Sorbonne furent organisées avec plusieurs médiums à effets physiques. Les expérimentateurs, Pr Henri Pieron[1],

1. Pr Henri Pieron, *professeur de psychologie physiologique à*

Pr Georges Dumas[1], Pr Louis Lapicque[2], et le Dr Henri Laugier[3], conduisirent ces expériences. Après 15 séances, dont seulement 2 firent apparaître quelques ectoplasmes très maigrichons au regard des descriptions des métapsychistes, ils publièrent leur rapport. La conclusion en fut[4] : « *en ce qui concerne l'existence d'un "ectoplasme" qui serait inexplicable au moyen des données actuelles de la physiologie, nos expériences ont abouti à des résultats qui ne peuvent être considérés que comme entièrement négatifs* ». En fait, l'équipe de chercheurs n'avait rien vu.

Les Dr Gustave Geley et Pr Charles Richet[5]

---

l'Institut de psychologie de l'université de Paris, directeur du Laboratoire de psychologie physiologique à la Sorbonne.

1. Pr Georges Dumas, *professeur de psychologie expérimentale et pathologique à la faculté des lettres et à l'Institut de psychologie de l'université de Paris, chef du Laboratoire de psychologie à la clinique des maladies mentales à l'asile Sainte-Anne.*

2. Pr Louis Lapicque, *professeur de physiologie à la faculté des sciences de l'université de Paris, directeur du Laboratoire de physiologie générale à la Sorbonne.*

3. Ce sont les quatre signataires du rapport de la Sorbonne.

4. Heuzé P., *Les morts vivent-ils ? 2e série : L'ectoplasme*, Éd. La renaissance du livre, 1922.

5. Le Pr Ch. Richet est, alors, président de l'Institut Métapsychique International.

commentent ce rapport dans la *Revue Métapsychique*[1]. Le Pr Richet écrit : « *Je connais trop bien mes amis Lapicque, Piéron et Laugier, éminents physiologistes tous les trois, pour les supposer capables d'une observation défectueuse et d'une conclusion prématurée. Ils sont absolument irréprochables. Ils ont regardé ; ils n'ont rien vu, et alors ils disent : « Nous n'avons rien vu. » Ils ne pouvaient dire autre chose. Et je les approuve résolument et sans réserve.* »

À la suite de cet échec, une polémique enflamma les milieux journalistes, qui y associèrent d'autres événements de la métapsychique, sur un ton arrogant et diffamatoire. L'Institut Métapsychique International organisa alors, de novembre 1922 à mai 1923, une série d'expérimentations avec le médium Jean Guzik, qui se voulurent plutôt dans une optique démonstrative, qui se conclurent par ce qui est connu dans le milieu des métapsychistes[2] par *le manifeste des 34.*

Plus de 80 personnalités de l'élite parisienne[3]

---

1. Pr Richet Ch. Et Dr Geley G., « À propos des expériences de la Sorbonne », *Revue Métapsychique* n° 4, juillet-août 1922.

2. Aujourd'hui dans le milieu de la parapsychologie.

3. Les compétences diverses de ces personnalités devaient

furent invitées à participer aux séances organisées à l'I.M.I., dont les résultats furent publiés dans la *Revue Métapsychique*[1]. Le contrôle des médiums consistait à leur faire endosser un pyjama sans poche, en présence d'au moins deux expérimentateurs, avant leur entrée dans la pièce où allait se dérouler la séance. Pendant les séances, un ruban de longueur juste suffisante, doublement plombé, reliait le poignet droit et le poignet gauche du médium aux poignets gauche et droit des contrôleurs. Il aurait nécessairement fallu couper le ruban pour libérer les mains du médium. Malgré ce contrôle, chaque main du médium était tenue par son contrôleur, le petit doigt de l'un en crochet au petit doigt de l'autre. Le contrôle du corps du médium était assuré par son contact permanent avec les corps des contrôleurs, en particulier avec les pieds et les jambes.

Tous les expérimentateurs se tenaient par la main, deux à deux, et leurs poignets étaient reliés par des chaînettes cadenassées aussi courtes que

permettre des types d'approches diverses des phénomènes et de leur appréciation. Voir annexe 1.

1. Le compte-rendu s'étale sur plusieurs articles du n° 3, mai-juin 1923, au n° 6, novembre-décembre 1923.

possible. Les salles étaient également minutieusement contrôlées. Les portes étaient fermées de l'intérieur et scellées, aucun meuble n'était susceptible de contenir un complice, et aucune issue (trappe, issue dérobée, etc.) n'était possible. À plusieurs reprises le plancher fut entièrement recouvert de sciure de bois (et dans ce cas, aucune trace de pas n'a été relevée). Dans ces conditions, le contrôle matériel était assuré, même dans l'obscurité.

Le compte-rendu de la séance du 17 avril 1923 relate : « *Après une courte attente, manifestations dont M. de C. est l'objet. Il se sent palpé, frôlé, frappé dans le flanc gauche et sur le dos. Il déclare avoir tout à fait l'impression de la présence d'un animal près de lui. (...) on perçoit une odeur désagréable de chien mouillé, odeur qui disparaît instantanément quand cessent les manifestations. (...) Les mêmes phénomènes se reproduisent ; mais cette fois ils sont surtout accentués sur M.P. Ce dernier déclare avoir l'impression de la présence d'un très grand animal à ses côtés. Il perçoit un contact appuyé sur son épaule droite. Des coups lui sont donnés, dans le dos et sur la tête. On entend des bruits de pas.* »

Jean Guzik matérialisait des formes humaines dont on voyait surtout le visage, mais aussi des animaux, tels que le chien indiqué précédemment, mais aussi de tailles très variées telles qu'un écureuil, un ours ou similaire, ou un oiseau de proie (Gutierez G. & Maillard N., 2005) lors d'une séance à Varsovie en 1919.

C'est à la suite de cette série d'expériences que fut établi *le manifeste des 34* dont le texte, court, simple, mais explicite indique : « *Nous affirmons notre conviction que les phénomènes obtenus avec Jean Guzik ne sont explicables, ni par des illusions ou hallucinations individuelles ou collectives, ni par une supercherie quelconque.* »[1]

Moulages

Ce tour d'horizon des ectoplasmes serait incomplet sans les moulages obtenus avec le médium Franek Kluski. Il s'agissait ici de conserver une trace des matérialisations à des fins d'études ultérieures. Le procédé était simple dans le principe puisqu'il s'agissait de préparer un baquet d'eau chaude sur laquelle surnageait une couche de paraffine épaisse. Après en avoir convenu avec le médium, lorsqu'un ectoplasme se formait – généralement une ou plusieurs mains – il plongeait dans la paraffine. Il y barbotait une minute ou

---

1. La liste des signataires est reproduite en annexe 1.

deux puis en ressortait couvert d'une fine pellicule de paraffine. L'ectoplasme finissait son mouvement généralement sur les genoux d'un assistant puis disparaissait en laissant le gant de paraffine solidifiée. Une fois l'ectoplasme fut déposé sur la main de G. Geley, l'idée étant sans doute de montrer qu'il n'avait pas été apporté avant la séance. Après la séance, le Dr Geley coulait du plâtre dans le gant puis, après solidification, il trempait l'ensemble dans de l'eau chaude, dans laquelle le gant se dissolvait. Il obtenait alors un moulage qui représentait suivant le cas des mains d'adultes, plus fortes que celle de Kluski, soit des mains de femmes, ou des mains d'enfants.[1]

Les moulages de mains d'adultes ont des caractéristiques spécifiques telles que des rides, des plis et des sillons, mais sont de taille réduite. Ce ne sont pas des mains de gens de petite taille, mais elles sont de taille réduite (Tocquet R., 1970).

---

1. Geley G., « Nouvelle série de moulages obtenus par la médiumnité de Franek Kluski », *Revue Métapsychique* n° 5 septembre-octobre 1922.

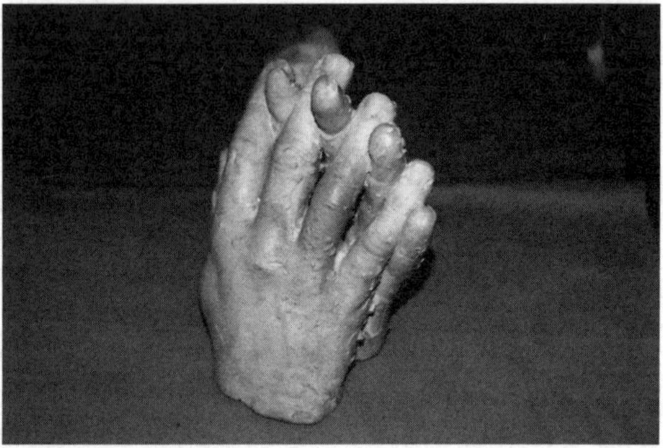

Exemple d'un moulage ectoplasmique

Par ailleurs, comme les détails obtenus sur les moulages sont très fins, pour comparer les empreintes digitales, le Dr Geley fourni 4 moulages (repérés A, B, C et D) accompagnés des empreintes de Kluski et des siennes à M. Bayle, chef du Service de l'Identité Judiciaire de la Préfecture de Police. Après analyse[1], il s'avéra que les empreintes du médium ou du Dr Geley ne correspondaient pas à celles des moulages A et C. D'autre part, la main ayant donné le moulage A ne pouvait pas avoir donné le moulage C, ainsi que la main ayant produit le moulage B ne pouvait pas avoir produit

1. *Ibidem*

le moulage D. Il ne fut pas possible d'en dire plus des moulages B et D.

Ainsi, nous voyons que pour au moins 2 moulages, hormis le problème de taille, ils ne proviennent ni du médium ni du Dr Geley. Les précautions prises par le protocole auraient donc imposé la présence de deux comparses pour réaliser une supercherie, alors que les assistants s'autocontrôlaient entre eux.

La polémique a fait rage à l'époque et se poursuit toujours aujourd'hui entre les tenants d'une production paranormale de ces moulages et les tenants de la supercherie. Elle n'est sans doute pas près de s'arrêter.

Mais Gustave Geley décède accidentellement en 1924, en ramenant de Varsovie de nouveaux moulages et la certitude de disposer dans le futur d'un médium capable de réhabiliter l'ectoplasmie. Celle-ci avait été rudement éprouvée après les expériences de la Sorbonne et le tapage médiatique ayant suivi. Le Dr Eugène Osty lui succède au poste de directeur de l'IMI. En novembre 1926, il écrit dans la *Revue Métapsychique*[1] ; « *Je n'avais*

1. Osty E., « Le médium F. Gusik à l'Institut Métapsychique de Paris », *Revue Métapsychique* n° 6 novembre-décembre 1926.

pas encore eu le temps de prendre mes dispositions de travail à l'IMI que déjà une partie du monde curieux de métapsychique me reprochait de laisser systématiquement de côté la médiumnité à effets dits physique. (...) Si pendant 18 mois, la Revue Métapsychique n'a donné aucun compte rendu de fait de télékinésie et de téléplastie, c'est parce que durant ce temps je n'en ai constaté aucun. »

Mais E. Osty cherche le moyen d'alléger le protocole de contrôle du médium principalement en supprimant la nécessité d'opérer dans l'obscurité, ainsi que l'hypothétique illusion sensorielle des assistants dépendant de cette obscurité, et bien sûr d'éventuels artifices frauduleux. Il fait alors revenir J. Gusik à l'IMI, mais celui-ci apparaît comme n'étant pas adapté aux protocoles voulus par E. Osty.

Il lui fallut attendre le médium Rudy Schneider, pour expérimenter avec lui en 1930. E. Osty avec l'aide de son fils Marcel Osty mettaient alors au point un matériel dont le principe était de déplacer un objet à distance. Cet objet était encadré de faisceaux infrarouges, qui déclenchaient la prise d'une photo si leur intensité baissait de 30 %. En novembre 1930, alors que l'objet est un mouchoir, le flash jaillit à 2 reprises mais les photos ne révèlent aucun déplacement du mouchoir, ni de présence d'une quelconque matière sur la table. L'hypothèse alors émise sera que Rudy Schneider est en mesure d'émettre une substance insuffisante pour produire des télékinésies, mais capable de faire écran aux rayons infrarouges, sans pour autant être visible sur photo. Puis des expérimentations ultérieures montrent que le comportement de cette « substance » dépend de la volonté du médium. Le Dr Osty décède avant de pouvoir investiguer plus avant sur cette « substance » qui relie ectoplasmie et télékinésie (nommée actuellement effet PK).

Plus de médiums à effets physiques, plus de recherches sur les ectoplasmes, l'arrivée d'une parapsychologie plus orientée vers la quantification mathématique créait un contexte dans lequel il n'était plus question d'ectoplasmes[1].

Et aujourd'hui ?

Il ne reste plus entre les années 40 et 60 que des approches très ponctuelles de l'ectoplasmie, celles-ci visant même à disparaître au profit de belles his-

---

1. À propos des ectoplasmes de l'IMI, on pourra aussi consulter le *Bulletin Métapsychique* n° 4 de janvier 2008 consacré au sujet. (voir http://www.metapsychique.org/)

toires étranges du passé. Mais à la manière de la psychologie et de la psychanalyse, interdites sous le régime stalinien[1], ce qui n'empêcha pas les pédologues et psychanalystes de continuer à travailler clandestinement[2], l'ectoplasmie ne se serait-elle pas simplement mise à l'abri dans des cercles spirites intimistes ?

C'est ce que montre Michel Granger dans un ouvrage à paraître sous le titre (envisagé) de La *Saga de l'Ectoplasmie : enquête sur le phénomène de matérialisations ectoplasmiques*[3]. Michel Granger analyse ce phénomène, depuis son origine jusqu'aux productions ectoplasmiques actuelles, en toute objectivité c'est-à-dire en ne négligeant ni les arguments allant dans le sens d'un phénomène authentique, ni les arguments permettant d'envisager les situations de truquages potentiels ou avérées.

---

1. La psychologie et la psychanalyse furent désignée comme « bourgeoises », « antiscientifiques », « irrationnelles », leurs organisations scientifiques interdites et leurs publications mises au pilori.
2. Ohayon A., « Quand les tests injuriaient Staline », *Science Humaines* hors-série spécial n° 7, « La grande histoire de la psychologie », septembre-octobre 2008.
3. Ouvrage de 700 à 750 pages, incluant environ 500 photos.

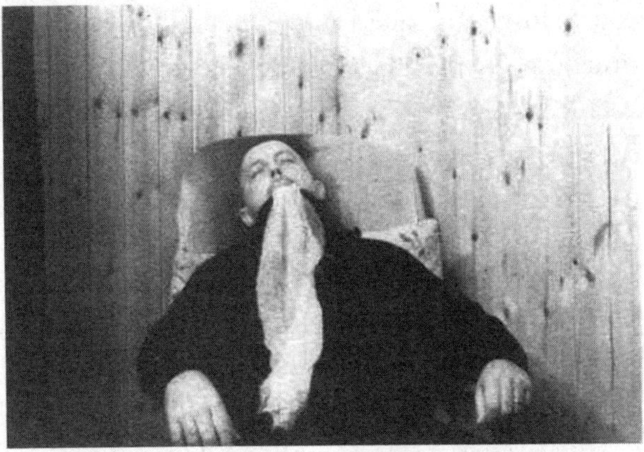

L'ectoplasme de D. Thompson photographié
à Haywards Heath, le 22 septembre 2003.
Extrait de la collection privée de Michel Granger,
avec l'autorisation de David Thompson.

Par exemple, on trouve dans l'ouvrage une description détaillée de David Thompson, médium à effets physiques, dont les capacités ont évolué au fil de sa pratique, jusqu'à produire des ectoplasmes dignes de « la belle époque ». « Comme à l'habitude », certaines séances présentent des indices de truquages potentiels, mais d'autres semblent authentiques. Parmi celles-ci, la séance du 25 octobre 2003 reçut la caution de Montague Keen, de la Society for Psychical Research (Londres).

Ce n'est qu'après cet examen détaillé et après avoir envisagé les différentes hypothèses émises au cours du temps, que l'auteur nous livre son sentiment personnel. Cet ouvrage représentera sans aucun doute une référence en ce qui concerne les ectoplasmes. Peut-être suscitera-t-il un regain d'intérêt pour ces phénomènes qui, quelle qu'en sera l'explication définitive, sont d'un grand intérêt.

PHOTOGRAPHIE DES APPARITIONS

La photographie spirite

Comme nous l'avons vu, les formations ectoplasmiques ont été prises en photo très tôt (Gutierez G., 2005, et *Revue Métapsychique*), mais les débuts de la photographie des fantômes remontent à la fin du XIXe siècle.

Le point de départ du spiritisme se situe dans la famille Fox, de Hydesville dans l'État de New York, en 1847-1848. Des bruits étranges se font entendre dans la maisonnée, et les deux fillettes de la famille se prennent à dialoguer avec ces coups secs. Le dialogue extrêmement simpliste était quelque chose comme «*frappe 10 coups*» disait l'une des fillettes, et 10 coups secs arrivaient en réponse. «*Es-tu un homme?*»: pas de réponse. «*Es-tu un esprit?*»: réponse par des coups rapides et nets.

Bientôt les guéridons frappeurs allaient se répandre aux États-Unis, et très vite en Europe.

En 1861, un certain William Howard Mumler apprenait la photographie sur plaque. Un jour qu'il se trouvait seul, il vit apparaître, sur un autoportrait, à côté de lui, la silhouette d'une jeune fille. Inexpérimenté, W. Mumler attribue alors cette apparition à une erreur : il pense avoir utilisé une plaque déjà exposée. Mais il en réalise un tirage papier qu'il montre à ses amis. Toujours prompt à plaisanter, il montre cette photo à un ami spirite venu le visiter, et lui raconte qu'elle a été prise alors qu'il posait seul. Son ami lui demande d'écrire son récit au dos de la photo, et de la signer.

Quelque temps après, cette photo faisait le tour des journaux spirites, présentée comme la première photographie d'un esprit. Mumler, horrifié de cette erreur d'interprétation mais visionnaire du potentiel commercial, n'hésite pas à s'installer. Sans garantie de succès, parce qu'il se présente comme « serviteur des esprits » et non comme quelqu'un pouvant les convoquer, il propose à sa clientèle des photos de leur disparus à 40 fois le prix d'une photo classique.

Mumler dut faire face à divers contrôles, tels que ceux de James Wallace Black qui ne put déceler de fraude dans la procédure de photographie. Sur la photo que Mumler fit de lui, une silhouette indistincte d'un homme était penchée sur son épaule. Le Dr Gardner, conférencier spirite de l'époque, avait obtenu également des photos montrant des apparitions autour de lui, mais il accusa Mumler de fraude lorsqu'il reconnut une personne bien vivante sur l'une de ses photos. En 1869, à la demande du maire de New York, l'inspecteur J.H.Tooker rend visite à Mumler comme un client banal et obtient une photographie sur laquelle ce dernier reconnaît la forme apparue comme le beau-père de l'inspecteur. Celui-ci, peu convaincu, récupère un placard publicitaire de Mumler et porte plainte.

Le procès de Mumler tourne au procès du spiritisme, allant jusqu'à lui reprocher de mettre l'autorité de l'Église en péril. Bien que le juge note qu'il est persuadé de l'escroquerie, mais que l'accusation n'en a pas apporté de preuve suffisante, Mumler bénéficie d'un non-lieu. Tout de même discrédité par ses confrères photographes, Mumler meurt dans l'oubli et la misère, en laissant derrière lui les balbutiements de la photographie psychique.

La photographie psychique

Le beau livre *Le Troisième Œil: la photographie et l'occulte*, réalisé à l'occasion d'une exposition du même nom, retrace sous un angle historique et artistique l'histoire de la photographie paranormale en partant des fantômes de Mumler, jusqu'à la photographie des ectoplasmes, en passant par les photographies psychiques de Ted Serios.

Ted Serios, garçon d'ascenseur dans un hôtel, s'aperçoit un jour être en mesure de projeter sa pensée sur les pellicules photos. Après quelques années à faire des démonstrations, il fut étudié entre 1964 et 1967 par le psychiatre Jules Eisenbud. Hormis ce qu'il appelait des « blackies » (clichés totalement noirs) et des « whities » (clichés totalement lumineux), Ted Serios impressionnait des images souvent floues et distordues mais reconnaissables. Les « blackies » pouvaient se produire alors que rien n'obstruait l'objectif de l'appareil photo, et les « whities » alors que l'objectif avait été protégé des sources lumineuses. Mais l'une des images les plus insolites fut peut-être celle du ranch de Eisenbud. Un jour que le chercheur proposa à T. Serios de s'y rendre, celui-ci dit qu'il préférait en faire une photo. Le chercheur improvisa un « gismo », un petit tube de papier que Serios confectionnait pour, disait-il, concentrer son effort. Après quelques blackies, Serios réussit à produire une vue de la maison d'Eisenbud et une grange adjacente. Mais la maison apparaissait telle qu'elle était à une époque à laquelle Serios et Eisenbud ne se connaissaient pas, et la grange apparaissait dans un état qui n'avait jamais existé.

Il est difficile, dans ce cas, d'attribuer la production de la photo à un truquage par le « gismo ». Ce petit tube fut la plaque tournante de la critique portée à Ted Serios : il lui aurait permis, en introduisant une lentille d'un côté et une image de l'autre, de réaliser les photos. Mais cet artifice nécessitait également d'être très proche de l'objectif, et il faut considérer que Serios fit des photos dans l'obscurité, ou éloigné de 1 à 20 mètres de l'appareil, ce qui aurait rendu cet outil (qui était vérifié avant et après les essais) complètement inutile.

Les orbs

Cet ouvrage, « Le troisième œil » montre la distance entre la photographie psychique et la quantité extraordinaire de photos, voire de films, diffusés principalement par Internet, et prétendument paranormaux. Loin de la production d'ectoplasmes, confrontés à l'impression de perfection technologique, ainsi que le désir d'être touché personnellement par le paranormal, nous sommes souvent conduits à prendre de simples effets lumineux ou des illusions d'optiques pour des apparitions. Un simple nuage de vapeur pourra être interprété, par illusion d'optique ou sous l'effet d'une pareidolie, pour un fantôme en mouvement. Une simple tache sur un mur donnera l'impression de voir le Christ, ou un reflet lumineux dans une optique de caméra pour un fantôme traversant un couloir de lycée.

Si l'on parle d'illusion d'optique, un exemple type vérifiable à tout moment se trouve dans le sud de la France, à Lauriole, à l'extrême sud de l'Hérault. Tous les week-ends d'hiver ou d'été, le lieu accueille des touristes voulant vérifier ce qu'on leur a raconté : une route en côte qui possède une bien curieuse particularité. Lorsqu'on place un ballon, par exemple, au milieu de la route, il va descendre la côte bien sûr. Eh bien non, c'est là sa particularité : le ballon va monter la côte ! Voulez-vous vérifier autrement ? Si on verse de l'eau, celle-ci se met « tout naturellement » à remonter la côte. Une voiture au point mort : même effet. Les visiteurs rivaliseront d'imagination pour trouver l'effet le plus amusant et bien sûr le plus étonnant.

Bien des théories sulfureuses ont été évoquées, mais si on vérifie l'état de cette route par la mesure, on s'aperçoit que l'eau, la voiture, le ballon ont un comportement tout à fait classique : les mesures au niveau à bulle (fourni par le génie civil) montre sans ambiguïté que la côte descend dans le sens où le visiteur la voit monter[1]. L'effet est saisissant, et perdure sur les photos.

Mais nous sommes ici dans un cas « simple ». Avant d'envisager une photo paranormale il faudra souvent réaliser une série de vérifications. Pour vérifier que la forme qui apparaît comme une silhouette humaine sur une photo argentique (pellicule) n'est pas un défaut de développement comme un écoulement de produit chimique sur le tirage papier. Pour une forme sombre sur une photo numérique il sera peut-être nécessaire de prendre contact avec le fabricant de l'appareil. On pourra apprendre que notre appareil possède un défaut répertorié qui se manifeste dans les conditions de prise de vue qui était la nôtre. Peut-être

1. Voir http://psiland.free.fr/connexes/cotesinversees/lcdl.html

faudra-t-il passer par l'étape à travers laquelle on s'apercevra que l'appareil photo que le vendeur nous a garanti comme parfait (qu'il ait coûté 1 € ou 5 000 €) n'est peut-être pas si parfait.

On arrive naturellement ici à un type particulier de photos autour duquel il existe actuellement un fort engouement. Il s'agit des orbs, ces taches rondes blanchâtres (il en existe aussi de couleur) qui apparaissent parfois sur les photos, en grande majorité numériques. Gary E. Schwartz[1] a analysé les causes possibles de ces apparitions sur photos, interprétés comme des esprits, des anges, des êtres de lumière ou des extraterrestres selon la personne qui a obtenu le cliché. Il a réalisé environ un millier de photos avec différents appareils dans des conditions susceptibles d'augmenter les chances d'obtenir des orbs. Celle-ci incluait deux magnétiseurs en activité. Ainsi, ils ont obtenu plus de 200 photos contenant des orbs, dont la majorité était explicable par des mécanismes optiques conventionnels. L'explication la plus courante était des réflexions lumineuses, dont la source était le

1. Schwartz Gary E., « Anomalous orbic "spirit" photographs? A conventional optical explanation », *Journal of Scientific Exploration*, vol 19 n°3, Fall 2005

flash de l'appareil, qui revenaient dans l'objectif, en créant des images fantômes (taches de lumière). La deuxième source d'anomalies était des poussières et des saletés, très proches de l'objectif, qui reflétait la lumière. Tout un chacun peut en faire l'expérience en agitant un tapis poussiéreux dans un espace un peu sombre. Il est très facile, alors, en utilisant le flash, d'obtenir ces ronds typiques. Ensuite, l'effet de pareidolie permettra de « reconnaître » à l'intérieur même de ces ronds un motif qui touchera l'affect.

Schwartz signale que plus l'appareil photo sera bon marché, et plus il sera sensible aux réflexions lumineuses. Dans tous les cas, le photographe professionnel connaît ce risque de parasite et prend soin, en plus de posséder un bon matériel, d'en limiter les effets.

Alors, bien sûr, il ne s'agit pas de reléguer toute photo un peu bizarre au rang d'effets de ce genre. Il reste des photographies qui ne vont pas entrer dans ce type d'explication. Mais il est particulièrement important de ne pas considérer comme paranormales des photos sans intérêt pour pouvoir conserver et utiliser celles qui, réellement, se trouvent être anormales. Ces photos ne sont pas si nombreuses, et possèdent un réel intérêt.

Comment peut-on repérer de telles photos ? En

prenant soin de rester conscient que chaque cas est un cas particulier, il est peut-être possible d'appliquer une règle générale. Il est peut-être possible de considérer le niveau d'information de l'apparition. Si on voit une personne devant soi alors qu'on sait qu'elle est loin physiquement, qu'un absent, voire un individu inconnu apparaisse sur une photo ou un film, pourvu qu'il n'existe pas d'ambiguïté pour une éventuelle reconnaissance, ces apparitions possèdent une somme d'informations évidentes. Mais si on voit un nuage dans lequel on reconnaît un objet ou une figure familière, il est probable que quelqu'un d'autre reconnaîtra une autre forme, voire une ou plusieurs formes supplémentaires. Ici, « l'information » est modulable en fonction des interprétations personnelles et nous nous trouvons sans doute en présence d'un artefact (illusion ou pareidolie, etc.). Si on se trouve devant une forme vaporeuse, voire à l'opposé une lumière vive qui passe de gauche à droite devant l'objectif, si la forme n'est pas reconnue par tous, il est fort probable qu'elle ne corresponde à rien d'extraordinaire. Un jeu de lumière sera aisément comparable. De plus il ne sera pas possible de reconnaître « à coup sûr » un individu (même potentiel), et l'interprétation sera encore modulable selon celui qui interprète.

Même dans un cas où il n'est pas possible de faire autrement que de dire : « oui je vois la même chose, qui fait la même action », tout n'est pas joué. Il est possible de prendre l'exemple d'une vidéo diffusée sur Internet. Cette vidéo était réalisée de l'intérieur d'une voiture en mouvement, lorsque soudain une ombre passe du côté droit de la route au côté gauche, assez loin devant la voiture. L'effet est vu par tout spectateur de la même manière avec l'idée d'un « fantôme » (une sorte d'ombre allongée verticalement) traversant la route. Mais en regardant de plus près la vidéo, il est facile de remarquer que la voiture entame un virage, et que la forme commence son déplacement au commencement du virage. Elle poursuit sa traversée et stoppe lorsque la voiture sort du virage. Voilà une coïncidence qui éveille l'attention. En se concentrant sur le pare-brise, on arrive alors rapidement à faire le lien entre une tache sur celui-ci et le mouvement de la forme. Finalement, on comprend rapidement qu'il s'agit d'un jeu de lumière sur cette tache. L'ensemble des spectateurs est alors rapidement convaincu de l'illusion.

D'autres images posent davantage de problèmes. Comme par exemple un visage complet pouvant ressembler à une peinture ancienne, mais présente sur une fenêtre de bus scolaire. Le visage est apparent aussi sur le négatif, et ce négatif est une bande de plusieurs photos, la photo précédente et la photo suivante ne présentant aucune forme sur la vitre. Si on considère que le truquage ne peut pas être évoqué, cette photo n'a toujours pas d'explication rationnelle.

Mais ces photos sont rares, très rares et trop rares pour que leur analyse soit perturbée par des artefacts lumineux (poussières en suspension, insectes volants, taches de développement, reflets statiques ou dynamiques, brouillards, traînées de fumées, etc., etc.) qui discréditent le sujet.

DIFFÉRENTS TYPES D'APPARITIONS

Dames blanches

« La dame blanche » fait directement référence à ces auto-stoppeuses que des conducteurs rencontrent parfois le long d'une route. Les témoignages rapportés sont rarement correctement documentés, mais parfois ils font l'objet d'une déposition en gendarmerie. De tels cas se sont produits, par exemple, pour le cas de l'auto-stoppeuse de la route des plages de Perpignan (Pyrénées-Orientales), ou celle de Lessay (Manche) sur la D12 vers

Coustance, ou bien celle de Caen (Calvados) sur la D7 en direction de Luc-sur-mer, ou encore à Concarneau (Finistère) sur la route entre Bannalec et Scaër, et d'autres encore.

L'un de ces cas, et sans doute le plus médiatisé, est celui de la route de Palavas, en direction de Montpellier, sur laquelle quatre étudiants ont vécu une aventure qui les aura marqués longtemps. Âgés de 17 à 25 ans, le 20 mai 1981, ils décident de profiter de la mer à Palavas. Au retour, tard dans la nuit, juste avant le pont des Quatre-Canaux, ils aperçoivent une femme vêtue de blanc. Ils lui proposent alors de la ramener à Montpellier, et elle monte dans la R5 sans dire un mot. Un kilomètre plus loin, un peu avant le virage du Pont Vert, elle s'exclame « attention au virage ! ». Le conducteur ralentit et passe le virage. C'est alors au tour des passagères de pousser un cri : « L'auto-stoppeuse a disparu ». Ils s'arrêtent en envisageant que la femme est tombée par une portière, mais ne trouvent rien ; et comment cela aurait-il pu se produire puisque le personnage se trouvait entre les deux jeunes femmes sur le siège arrière de la voiture. Ils décident ensuite de tout raconter à la police. Celle-ci fait son enquête dont il ressort que pour toutes les personnes ayant interrogé les jeunes gens, ils sont sincères.

Cette histoire représente « l'histoire type » de la dame blanche, et ne peut être considérée comme une rumeur ou une légende urbaine. En effet, l'une des caractéristiques de la légende urbaine, est que le récit est anonyme[1]. Une autre caractéristique de la légende urbaine est que le récit est raconté comme vrai alors que son historicité est douteuse ou fausse ; ce que nous ne trouvons pas dans ce récit, de même que dans toute déclaration en gendarmerie.

Par contre, certains récits de dames blanches intègrent une variante telle que, au lieu de se volatiliser, l'auto-stoppeuse oublie un objet personnel sur la banquette (carte d'identité, vêtement, etc.), avec un indice quelconque permettant de la retrouver. Le lendemain, le conducteur se rend chez la jeune femme et rencontre ses parents dont il apprend que l'objet lui appartient bien, mais qu'elle est décédée depuis un certain temps (semaine, mois ou années). Ce genre de variantes va se retrouver dans des récits non documentés, anonymes (c'est l'ami de la connaissance de l'ami qui raconte que...), et n'ayant pas fait l'objet de

1. Renard J.B., *Rumeurs et légendes urbaines*, Paris, P.U.F. Que sais-je, 1999.

déposition. Dans ce cas, les deux critères précédents étant validés, ces récits pourront être intégrés à la légende urbaine.

D'autres témoins apportent des variantes qu'il est intéressant de considérer. Comme par exemple cet enseignant circulant, de nuit, en moto. Il voit dans la lumière de son phare une silhouette blanche face à lui, et la percute. De fait, il ne la percute pas réellement mais traverse l'apparition. En se retournant il s'aperçoit qu'il voit le paysage au travers d'elle et comprend qu'elle disparaît, mais le plus surprenant, si cela est possible, c'est que la femme semble le suivre comme si elle restait très proche de la moto. Enfin elle disparaît complètement.

Ne serait-il pas possible de mettre en parallèle cette histoire d'un automobiliste roulant, toujours de nuit, lorsqu'il aperçoit un motard dans son rétroviseur. Le motard le rattrape et engage un dépassement. Arrivé à hauteur du conducteur de la voiture, ce dernier reconnaît ce motard comme un ami décédé. Surpris, il s'arrête et voit que s'il ne s'était pas arrêté, il aurait plongé dans un fossé : la route étant en travaux.

Souvent, on trouve étonnant la similitude des descriptions de la dame blanche, et on se demande comment il y aurait tant de dames blanches à travers la planète. Mais si l'on considère que les descriptions de ces apparitions sont très similaires, d'abord la blancheur de teint et de vêtements – d'où le nom lui-même –, le fait qu'elle ne parle pas ou extrêmement peu, l'attitude figée qu'emprunte le personnage, plutôt que de penser à plusieurs personnages distincts, ne serait-il pas possible d'envisager un personnage unique ? Celui d'une personne, éventuellement décédée sur le lieu, dont la triste histoire est connue par un moyen de type télépathique, ou de clairvoyance, ou plus prosaïquement parce que l'un des témoins avait entendu parler de tels cas dans la région sans y avoir prêté attention. Dans ce contexte, il est peut-être possible de se rapprocher d'un schéma du type de celui de G.N.M. Tyrell, dans lequel la dame blanche se trouverait être l'hallucination qui permet de véhiculer l'information. Cette information, qui serait assez réduite en elle-même, amènerait l'agent à fabriquer un thème assez simple dépendant de son propre contexte culturel.

Une interprétation de ce type permettrait donc de relier la dame blanche aux autres apparitions évoquées précédemment et tendrait ainsi à donner une cohérence interne à plusieurs faits apparemment différents.

Apparitions célestes

De nombreux récits, parfois d'époque antique, veulent témoigner d'apparitions célestes de natures diverses. Ces apparitions peuvent revêtir l'aspect de croix lumineuses, de l'image de Jeanne d'Arc, de batailles militaires. Bien sûr, il s'agit de documenter chaque cas avant de tenter de s'en expliquer les tenants et aboutissants. L'apparition d'une armée céleste menée par saint Georges (« les Archers ») pour motiver les soldats anglais à Mons en 1914 pourrait bien être une rumeur ; une opération d'intoxication lancée par le ministère de l'Information britannique (Gutierez G., 2005). Mais le colonel Herzenwirth révèle en 1930 que ces apparitions étaient en réalité des projections lumineuses faites par des aéroplanes allemands dans le but de jeter la panique dans les troupes ennemies. Cela dit, C. de Vesme fait remarquer, en 1939, à quel point le commandement allemand aurait manqué de psychologie puisque l'apparition donne pour résultat l'effet inverse.

C. de Vesme consacre un long article à propos des apparitions célestes dans la *Revue Métapsychique*[1].

---

1. De Vesme, C. « Visions grandioses de croix, d'armées et de combats dans les airs », *Revue Métapsychique* n° 1 à n° 6, 1939.

Il rapporte un cas[1] tout à fait surprenant, même parmi l'extraordinaire de ces récits.

« *Dans les tout premiers jours de février (1574), cinq soldats de la garde bourgeoise d'Utrecht, étant de garde vers minuit, aperçurent dans le ciel, au-dessus d'eux, la représentation d'une furieuse bataille. Le ciel était extrêmement sombre, hormis directement sur leur tête, où dans un espace égal en extension à la longueur d'une ville, et en largeur à celle d'une chambre de grandeur ordinaire, deux armées, rangées en bataille, s'avançaient l'une vers l'autre. La première venait rapidement du nord-ouest, les drapeaux flottant, les lances reluisant, les clairons sonnant, accompagnées par de la grosse artillerie et des escadrons de cavalerie. L'autre armée marchait lentement, en venant du sud-est, comme sortant d'un camp retranché, pour rencontrer ses assaillants.*

Un âpre combat eut lieu durant quelques minutes ; on entendait distinctement les cris des combattants, les décharges de l'artillerie, le grondement de la mousqueterie, la marche des soldats lourdement armés, le galop de la cavalerie. Le firmament tremblait du choc

1. Issu de Motley, *Rise of the Dutch Republic* (« *Naissance de la République Hollandaise* »).

des armées ennemies et était assombri par les déchar-ges rapides de leur artillerie.

Après un combat court et meurtrier, l'armée venant du nord-ouest fut repoussée en désordre, mais elle parvint à se rallier après un instant de repos, se reforma en colonnes solides, et recommença à s'avancer. Ses adversaires, disposés, aux dires des témoins, en carré constituant une dense forêt de lances et de mousquets, attendirent de nouveau l'attaque. Les cohortes aériennes se heurtèrent de nouveau ; les témoins haletants discernaient nettement tous les signes et les bruits d'une lutte désespérée. Mais celle-ci ne fut pas longue ; les lances de l'armée du sud-est semblaient se briser "comme de frêles roseaux", pendant que ces colonnes étaient repoussées en désordre sous le choc des ennemis.

La déroute fut complète ; vainqueurs et vaincus disparurent peu à peu ; l'espace bleu du ciel, entouré de nuages sombres, se vida ; mais tout à coup il apparut comme strié de sang qui coulait à travers le ciel en de larges courants rouges dans toute l'extension où avait eu lieu la bataille ; la vision ne disparut entièrement que lorsque les cinq témoins eurent assistés à toutes ces phases, ayant eu le temps pour s'échanger des réflexions sur ce qu'ils avaient vu.

Les graves magistrats d'Utrecht furent tellement impressionnés par le récit que leur firent, le lende-

main, les cinq sentinelles, qu'ils se crurent en devoir d'examiner formellement les faits et enregistrèrent dûment les dépositions de chaque témoin, faites sous serment.

On consulta une quantité de livres de divination, etc., pour tâcher d'élucider le mystère. Il fut considéré comme devant se rapporter à la bataille que l'on prévoyait devant se produire entre le comte Louis et les Espagnols. Par conséquent, lorsqu'on sut que les patriotes, en s'avançant du Sud-Est, arrivaient à Mookerheyde, et que leurs adversaires, après avoir traversé la Meuse à Grave, s'avançaient à leur rencontre du Nord-Ouest, le résultat de la bataille fut considéré comme inévitable, le combat fantomatique d'Utrecht devant être le précurseur infaillible de celle véritable. »

Ce récit concorde parfaitement à la bataille de Mookerheyde, qui eut lieu le 13 février, 12 jours après la vision, entre l'armée commandée par le comte Louis de Nassau et l'armée espagnole commandée par Don Louis de Requesens.

CONCLUSION

Nous n'avons vu, dans ces quelques descriptions, qu'une partie des différents types d'apparitions. Nous aurions pu parler d'apparitions d'eau ou d'objets divers ou autres, dans d'autres circonstances. Mais celles qui ont été discutées ici ont tendance à montrer que plutôt d'envisager l'apparition comme une manifestation d'un « ailleurs », d'un « autre temps », etc., la notion d'une faculté humaine particulière retient l'attention. En effet, ces apparitions peuvent refléter l'activité du PSI étudié en parapsychologie, entre autres, prenant une ampleur particulière dans les cas dits spontanés. Ces particularités de la psychologie de l'homme trouveraient une possibilité d'expression naturelle au travers des particularités fonctionnelles du cerveau, comme le remplacement en tout ou en partie de l'acquisition (et le traitement) d'informations par les organes sensoriels (ouïe, vue, etc.), par une acquisition d'informations (et son traitement) ayant pour base une faculté PSI.

Il est fort dommageable que la notion d'apparition dérange à ce point (de manière justifiée ou non) le champ de la parapsychologie, qu'elle soit si peu étudiée. Peut-être y trouverions-nous une meilleure connaissance du fonctionnement neurologique de l'humain, amenant à une meilleure compréhension de sa faculté PSI.

ANNEXE

LES SIGNATAIRES DU MANIFESTE DES 34

Joseph Ageaorge, *Homme de lettres,*

Bayle, *Licencié ès sciences, chef du Service de l'identité judiciaire à la préfecture de police,*

Dr Benjamin Bord, *ancien interne des hôpitaux de Paris,*

Dr Bour, *directeur de la maison de santé de la Malmaison,*

Dr bourbon,

Dr Stephen Chauvet, *ancien interne, lauréat (médaille d'or) des Hôpitaux de Paris,*

Dr Cuneo, *professeur à la faculté de médecine, chirurgien des Hôpitaux,*

Capitaine Despres, *ancien élève de l'École polytechnique,*

Camille FLAMMARION, *fondateur et premier président de la Société astronomique de France, directeur de l'Observatoire de Juvisy,*

Dr FONTOYNON, *ancien interne des Hôpitaux de Paris, directeur de l'École de médecine de Madagascar,*

Pascal FORTHUNY, *homme de lettres,*

Dr Gustave GELEY, *ancien interne des Hôpitaux de Lyon, lauréat (1er prix de thèse) de la faculté de médecine,*

A. de GRAMONT, *Docteur ès science, Membre de l'Institut de France,*

Paul GINESTY, *Homme de Lettres, Rédacteur au Petit Parisien,*

GEORGES, *Licencié ès sciences, ingénieur (E.S.E.),*

Jacques HAVERNA, *chef du service photographique et du chiffre au ministère de l'Intérieur,*

Dr HERICOURT,

HUC, *directeur de la Dépêche de Toulouse,*

Dr HUMBERT, *chef de la section d'hygiène de la Ligue des sociétés de la Croix-Rouge,*

Commandant KELLER, *de l'État-major du maréchal Fayolle,*

Dr LAEMMER,

Dr LASSABLIERE, *Chef de laboratoire à la faculté de médecine,*

Professeur LECLAINCHE, *membre de l'Institut de France, inspecteur général, chef des services sanitaires au ministère de l'Agriculture,*

Sir Oliver LODGE, *membre de la Société royale d'Angleterre,*

MESTRE, *professeur à la faculté de droit,*

MICHAUX, *inspecteur général des Ponts-et-Chaussées, ancien Conseiller d'État et directeur des Chemins de fer,*

Dr MOUTIER, *ancien interne des Hôpitaux de Paris,*

Dr OSTY,

Marcel PREVOST, *membre de l'Académie française,*

Pr. Charles RICHET, *membre de l'Académie de médecine et de l'Institut de France,*

Dr REHM, *homme de lettres,*

Dr Jean-Charles ROUX, *ancien interne des Hôpitaux de Paris,*

René SUDRE, *homme de lettres,*

Pr SANTOLIQUIDO, *représentant de la Ligue des Croix-Rouge auprès de la Société des Nations,*

Pr VALLEE, *directeur du Laboratoire national de recherches sanitaires.*

BIBLIOGRAPHIE ET RÉFÉRENCES

LIVRES

Bertin G., *Apparitions/Disparitions*, Éd. Desclée de Brouwer, Paris, 1999.

Catala P., *Apparitions & Maisons hantées*, Éd. Presses du Châtelet, Paris, 2004.

Collectif, *Le Troisième Œil : la photographie et l'occulte*, Éd. Gallimard, Paris, 2004.

Flammarion C., *La Mort et son mystère*, Éd. Ernest Flammarion, Paris. En trois tomes : *Avant la mort* en 1920, *Autour de la mort* en 1921, *Après la mort* en 1922.

Granger M., « La Saga de l'Ectoplasmie : enquête sur les phénomènes de matérialisation ectoplasmique » (titre pressenti), à paraître.

Gurney E., Myers F.W.H., et Podmore F., *Phantasms of the living*, Londres, Éd. Trübner & Co, 1886 (2 tomes).

Gutierez G. & Maillard N., *Les Aventuriers de l'esprit*, Éd. Presses du Châtelet, Paris, 2005.

Irwin J. H. et Watt C. A, *An introduction to parapsychology*, Jefferson, McFarland, 2007.

Jaffé A., *Apparitions, fantômes, rêves et mythes*, Éd. Mecure de France, 1983.

Jimenez M., *La Psychologie de la perception*, Éd. Flammarion, Paris, 1997.

Houran J., Lange R., *Hauntings and poltergeists : multidisciplinary perspectives*, McFarland, Jefferson, 2001.

Richet C., *Traité de métapsychique*, Bruxelles, Éd. Artha Production, 1994 (pour la 3e édition).

Si Ahmed D., *Comment penser le paranormal*, Paris, Éd. L'Harmattan, 2006.

Tocquet R., Médiums et fantômes, Éd. Publications Premières, 1970.

Tyrell G.N.M., *Apparitions et fantômes*, Éditions Fasquelle, Paris, 1955.

Sites Internet

- Les Aventuriers de l'Étrange : http://psiland.free.fr/sud_radio/
- PsiLand : http//PsiLand.org

Organisations de parapsychologie

- Institut Métapsychique International : http://www.metapsychique.org/
- Parapsychological Association : http://www.parapsych.org/
- Society for Psychical Research : http://www.spr.ac.uk
- Society for Scientific Exploration : http://www.scientificexploration.org/
- Princeton Engineering Anomalies Research : http://www.princeton.edu/~pear/
- Global Consciousness Project : http://noosphere.princeton.edu/
- De nombreux autres liens sont disponibles à partir de la page : http://psiland.free.fr/webrefs.html

TABLE DES MATIÈRES

conception
réalisation
mise en page
pca
44405 Rezé cedex

Achevé d'imprimer en octobre 2008
sur les presses de la Nouvelle Imprimerie Laballery
58500 Clamecy
Dépôt légal : octobre 2008
Numéro d'impression : 810165

Imprimé en France

La Nouvelle Imprimerie Laballery est titulaire de la marque Imprim'Vert®